Christiane Wirtz

Ein Jahr in Tel Aviv

Christiane Wirtz

Ein Jahr in Tel Aviv

Reise in den Alltag

HERDER

FREIBURG · BASEL · WIEN

It's always the people,
who make a place worth living.

Originalausgabe

www.herder.de

Satz: Dtp-Satzservice Peter Huber, Freiburg
Herstellung: CPI Moravia Books, Pohorelice

Gedruckt auf umweltfreundlichem, chlorfrei gebleichtem Papier
Printed in Czech Republic

ISBN 978-3-451-05928-5

Inhalt

Vor dem Jahr

An jenem Abend, kurz bevor ich an Bord der *El Al* ging, sagte ich Frau Fröhlich den Kampf an. Genau genommen war Frau Fröhlich das Fräulein Fröhlich, auch wenn das keiner so sagte, und wahrscheinlich hatte unser Kampf schon vor einer Ewigkeit begonnen, aber das wusste ich erst in dem Augenblick, in dem der Flug LY 352 zum ersten Mal aufgerufen wurde.

„Ich kann deinen Vater jetzt nicht stören", sagte sie, während ich mein Mobiltelefon fest an mein Ohr presste. „Herr Dr. Lindemann ist gerade bei ihm." Um mich herum redeten alle wild durcheinander, ich konnte kaum ein Wort verstehen und suchte mir eine ruhige Ecke am Fenster. Neben der Maschine hatte die Bundeswehr zwei Panzer bereit gestellt, die uns über das Rollfeld begleiten würden, bis wir deutschen Boden verlassen hatten. Ich ließ meine Augen durch den Raum gleiten, auf der Suche nach einer Toilette. Mein Magen-Darm-Trakt hielt mich schon seit Tagen auf Trab. Ich hatte mir inzwischen abgewöhnt, feste Nahrung zu mir zu nehmen, und eine Vorratspackung Imodium in die Reiseapotheke gepackt.

„Ich bin schon in Schönefeld. Könnten Sie ihm das bitte ausrichten", sagte ich zu Fräulein Fröhlich und sah, wie sie am anderen Ende des Telefons ihre akkurat gezupften Augenbrauen in die Höhe zog. Sie arbeitete schon seit mehr als dreißig Jahren in der Kanzlei meines Vaters. Ihre Gewichtigkeit war parallel zu seiner Karriere gewachsen, während sie mich noch immer für die Fünfjährige hielt, die, *es war einmal*, auf ihrem Schoß sitzen und mit der Schreibmaschine spielen durfte. Einen Moment, den sie perfekt zu setzen wusste, hörte ich nur ihr Schweigen in der Leitung.

„Augenblick", sagte sie dann, immerhin, soviel Absolution hatte selbst sie noch nötig, und hängte mich in die Warteschleife. Draußen sah ich zwei Soldaten, die mit schweren Stiefeln über das Rollfeld liefen und in die beiden Panzer kletterten.

„Es geht jetzt wirklich nicht", sagte Fräulein Fröhlich, als sie zurück zu mir in die Leitung kam, und ich bildete mir ein, eine gewisse Befriedigung in ihrer Stimme zu hören. „Du weißt doch, Herr Dr. Lindemann. Sie besprechen sich in einer wichtigen Sache."

Herr Dr. Lindemann, selbstverständlich, Herr Dr. Lindemann, oberste Priorität, Herr Dr. Lindemann, absolute Diskretion. Dieser Name war mir seit frühester Kindheit vertraut. Die Familie Lindemann hatte vor Generationen ein Verlagshaus am Rhein gegründet, ein renommiertes, versteht sich von selbst, und Herr Dr. Lindemann genoss das Privileg, als einziger Klient meines Vaters sogar am Wochenende bei uns zu Hause anrufen zu dürfen.

„Wir melden uns dann bei dir", hörte ich Fräulein Fröhlich sagen. – „Mein Flug geht in zwanzig Minuten." – „Na, dann wollen wir mal hoffen, dass da bei dir alles gut geht", sagte sie in einem Tonfall, der mich augenblicklich an Mahmud Ahmadinedschad und Hassan Nasrallah, Mord und Todschlag, Kain und Abel denken ließ. Wenn ich länger darüber nachdachte, war ich mit Unruhen im Magen-Darm-Trakt eigentlich noch glimpflich davon gekommen. Aber ich wollte nicht länger darüber nachdenken. Den Gefallen tat ich ihr nicht.

„Wäre nett, wenn Sie es vor dem Abflug noch einmal versuchen könnten", sagte ich mit einem Poker Face in der Stimme und drückte auf die rote Taste meines Telefons. Ich versuchte es noch einmal unter „Papa mobil", doch auch dort meldete sich nur die Stimme einer Frau, die mich aufforderte, eine Nachricht zu hinterlassen. Draußen vor dem Fenster krochen die beiden Panzer schwerfällig unter die Tragflächen – einer rechts und einer links – und brachten sich neben der Maschine in Position. Dann wurde der Flug LY 352 zum zweiten Mal aufgerufen.

Ich behielt mein Telefon bis zur letzten Minute in den Händen. Im Grunde hatte ich mich von meinem Vater nur verabschieden wollen, bevor ich *el al* ging, was so viel hieß wie nach oben. Wobei ... Natürlich ging es um weit mehr als nur um einen Abschied, seinen Segen für diese Reise wollte ich mir abholen, doch den verweigerte er mir hartnäckig. Seit einigen Wochen vermied er es so gut es ging, mit mir zu reden. So in ganzen Sätzen meine ich. Erst als die Stewardess durch den Gang lief, um die Anschnallgurte zu kontrollieren, schaltete ich das Telefon aus und ließ es in meiner Handtasche verschwinden. Dann meldete sich der Kapitän aus dem Cockpit und wünschte uns eine angenehme Reise.

Diese Reise hatte an einem Karfreitag begonnen. Ich war wie jeden Tag in die Kanzlei gegangen. Offiziell hatte ich mich darüber beschwert, dass ich arbeiten musste, aber was will man machen, eigentlich war ich darüber gar nicht so unglücklich. Immerhin waren Ostern vier freie Tage und meine Freunde waren allesamt in den Schnee gefahren. Um mich selbst von meiner Unabdingbarkeit zu überzeugen, hatte ich einem wichtigen Klienten versprochen, dass unser Vertragsentwurf am Dienstag nach Ostern bei ihm sein würde.

Von meinem Schreibtisch aus sah ich die Lichter Berlins, die Kuppel des Reichstags und den neuen Hauptbahnhof, es war inzwischen dunkel geworden. Ich druckte den Vertrag noch einmal aus, um ihn Korrektur zu lesen, und checkte zum hundersten Mal an diesem Tag meine Mails. Ich konnte kaum glauben, dass ich heute noch keine einzige bekommen hatte. Dabei wartete ich auf nichts bestimmtes, ich sehnte mich einfach nach einem verschlossenen Umschlag in meinem Postfach. Meine Hand führte die kabellose Maus immer wieder auf „Senden/Empfangen", worauf mein Computer gebetsmühlenartig wiederholte, dass er die angeforderten Aufgaben erfolgreich ausgeführt habe. Ohne allerdings eine Nachricht zu hinterlassen. Nichts geschah. Im Grunde geschah schon seit Jahren nichts. Geschweige denn etwas Positives. In der Woche nach meinem Zweiten Staatsexamen hatte ich mein Büro in der 10. Etage bezogen, seitdem sammelte ich täglich billable hours und wartete darauf, endlich Partnerin in der Kanzlei zu werden. Vor einem halben Jahr hatte meine Internistin eine chronische Magenschleimhautentzündung diagnostiziert, seitdem ging ich einmal in der Woche zum Yoga, was es auch nicht viel besser machte. Nachts träumte ich von einem Flugzeug, das ich zu verpassen drohte, die riesigen Zeiger einer Bahnhofsuhr, mir fehlte das Ticket, ich steckte im Stau fest oder fand meine Autoschlüssel nicht. Morgens wusste ich nie, ob ich das Flugzeug tatsächlich verpasst hatte. Ich wachte jedes Mal auf dem Weg dorthin gestresst auf.

Mein Blick grub sich immer tiefer in den Bildschirm des Computers, während das Postfach vor meinen Augen langsam verschwamm. Keine Ahnung, wie lange ich dort gesessen hatte, jetzt kam es mir vor wie eine Ewigkeit. Irgendwann nahm ich meinen Mantel aus dem Schrank und ging die Treppen hinunter auf die Straße. Ich lief über die Potsdamer Straße nach Hause, in Berlin war es noch einmal kalt geworden, die Luft brannte in meinen Lungen. Als ich den Winterfeldmarkt erreichte, bauten die Händler dort ihre Obst- und Gemüsestände für den nächsten Morgen auf.

Am Dienstag nach Ostern rief meine Sekretärin an und sagte, dass sie den Vertragsentwurf nirgends finden könne.

Der Mandant habe schon ein paar Mal angerufen. Ich fuhr sofort ins Büro. Und änderte mein Passwort. Jeden Morgen, noch bevor ich den Mantel in den Schrank gehängt hatte, schrieb ich „raus&hier“ in die Maske auf dem Bildschirm und der Computer setzte sich in Bewegung. Ein gutes Zeichen, wie ich fand. Es vergingen einige Wochen, in denen ich mein kleines Geheimnis nur mit der EDV-Hotline teilte. Mit sonst niemandem.

Eine Woche nach meinem 35. Geburtstag ließ ich mir endlich einen Termin bei meinem Chef geben. Auf einmal hatte ich es wahnsinnig eilig. Das Risiko schien mir zu groß, dass ich mit der Zeit auch den Mut verlieren würde.

Mein Chef war ein alter Freund meines Vaters, sie hatten gemeinsam in Heidelberg studiert, und ich hatte schon mein erstes Praktikum in seiner Kanzlei gemacht. Als ich in sein Büro kam, ließ er zwei Tassen Tee bringen.

„Nun, wie geht es dir?“, fragte er sichtlich gut gelaunt. Offensichtlich gab es in seinem Leben keinen Grund zur Klage. „Hmm ... ganz gut“, murmelte ich. „Aber ich kündige.“

Damit war es erst einmal raus. Alles was danach kam, waren hilflose Erklärungen dessen, was er ohnehin nicht verstehen würde. Ich verstand ja selbst nicht alles. Für einen Augenblick kam ich mir vor wie in einer Filmszene, ich sah mich vor seinem großen Schreibtisch sitzen, hinter ihm die Regale mit den Gerichtsentscheidungen der vergangenen hundert Jahre. SIE redete und redete und redete, war in einem Redefluss versunken, während ER unendlich langsam mit dem Löffel in seiner Teetasse rührte.

Als ich wieder auftauchte, war es still.

„Und was sagt dein Vater dazu?“, fragte er schließlich. „Ich habe noch nicht mit ihm gesprochen.“ – „Hast du denn schon eine Vorstellung davon, wie du dein Geld verdienen willst?“ – „Ein paar Ideen. Aber genau weiß ich es noch nicht.“ Das schien ihn erst einmal zu beruhigen. Jedenfalls legte er den Löffel auf seine Untertasse und lehnte sich in seinem Stuhl zurück. „Was meinst du. Vielleicht nimmst du erst einmal ein bisschen Urlaub. Sechs Wochen, wenn du willst. Dann kannst du dir über alles klar werden." Noch vor drei Monaten hätte ich jetzt einfach „ja" gesagt, mich bedankt und glücklich sein Büro verlassen. Doch inzwischen war ein Teil von mir bereits losmarschiert, hatte sich selbständig gemacht und war nicht mehr aufzuhalten. „Das ist nett, vielen Dank. Aber ich glaube nicht, dass ich danach zurückkommen würde." – „Ich schlage vor, du gehst jetzt nach Hause und denkst noch einmal nach", sagte er mit der Zuversicht dessen, der mich als ein vernunftbegabtes Wesen kennengelernt hatte. „Wir sprechen dann morgen wieder."

Was darauf folgte, war eine grauenvolle Nacht. Ich lieferte mich selbst der Inquisition aus, gab allen Parteien noch einmal die Möglichkeit der Stellungnahme und suchte nach glaubhaften Beweisen. Am Ende blieb mir nur der Gedanke an das Flugzeug. Eines Morgens, der nicht mehr allzu fern lag, würde ich aufwachen und es tatsächlich verpasst haben.

„Es tut mir wirklich leid", sagte ich am nächsten Tag. Ich starrte in die undurchdringliche Miene meines Chefs, die schwere Bücherwand dahinter, und traute mich kaum zu atmen. „Ich hätte dich gerne zu meiner Partnerin gemacht", sagte er endlich und damit war klar, dass es dazu nie mehr kommen würde. Diese Tür in meinen Leben hatte ich gerade mit Vollkaracho zugeschmissen. Und zwar genau vor seiner Nase. „Nun. Ich hoffe, du weißt, was du tust." Dann stand er auf, um mich heraus zu bitten.

Kaum war ich durch die Tür, ließ er sich mit meinem Vater verbinden.

Einer Schlafwandlerin gleich ging ich über den Gang zurück in mein Büro. Das alles schien auf einmal nicht mehr real zu sein: meine Kollegen, meine Akten, mein Computer, mein Stuhl, auf dem ich täglich gesessen hatte. Ich schenkte meiner Sekretärin die Orchidee von meinem Schreibtisch und fuhr zwei Wochen später zu meinen Eltern nach Köln. Doch das war im Grunde nur noch ein Anstandsbesuch. Mein Vater sagte mir nie, was er von meiner Kündigung hielt. Er ließ es mich nur spüren.

Der Pilot meldete sich noch einmal aus dem Cockpit und sagte, dass wir pünktlich um 2.15 Uhr in *Ben Gurion* landen würden. Durch das Fenster sah ich in die Nacht über Tel Aviv, sie war dunkelblau, der Himmel floss übergangslos ins Meer. In der Ferne sah ich die Lichter der Stadt. Als wir in unsere Parkposition rollten und meine Mitreisenden schon aufsprangen, um ihr Handgepäck aus den Fächern über uns zu holen, hörte ich eine Stimme aus dem Off: „We know, you have the choice. Thank you for choosing *EL AL*."

August

Erster Monat, in dem ich Luftballons sehe, an einen gelben Ascona denke und am Ende ein Alef geschenkt bekomme.

Als ich die Maschine über die Gangway verließ, schlug mir die feuchte Hitze einer Waschküche entgegen. Der Pilot hatte eben etwas von 26 Grad gesagt, dabei war die Sonne noch nicht einmal aufgegangen. Der kalte Schweiß stand mir auf der Stirn, schon bevor ich das Flughafengebäude erreicht hatte, und ich hatte das Gefühl, als würden sich meine Eingeweide schlagartig verflüssigen. Meine Füße drückten in das enge Leder meiner Schuhe. Und mein Kreislauf zeigte mir die rote Karte.

Ich steuerte die nächste Toilette an, stützte meine Hände auf die Ränder des Waschbeckens und sah im Spiegel mein bleiches Gesicht, dahinter eine Frau mittleren Alters, die mit ihrem Telefon am Ohr in einer Toilettenkabine verschwand. Ich schaufelte mir kaltes Wasser ins Gesicht, roch das Chlor darin, die Wimperntusche lief mir über die Wangen, und ich versuchte sie mit dem harten Papier aus dem Spender davon abzuhalten. Kurz darauf öffnete sich die Toilettentür in meinem Rücken, im Spiegel sah ich die Frau wieder aus der Kabine kommen. Sie hatte ihr Telefon immer noch am Ohr.

Langsam fand ich wieder zu mir. Ich schaltete mein Telefon ein, das sich sofort mit einer SMS meldete, die ich allerdings nicht verstand. Am Anfang stand eine +52, der Rest waren hebräische Zeichen. Das war alles. Dafür, dass wir noch nicht einmal drei Uhr morgens hatten, waren hier ziemlich viele Menschen unterwegs, was allerdings nicht weiter störte, weil der neue Terminal groß genug war. Bombastisch groß sogar, wenn man bedachte, dass Israel gerade mal doppelt so viele Einwohner hat wie Berlin. Erst in dem Raum vor der Passkontrolle fanden wieder alle Passagiere zusammen, es wurde enger, hier war das Nadelöhr auf dem Weg ins gelobte Land.

Unsere Schlange kroch unendlich langsam voran, die Frau von der Sicherheit schien ihren Job ernst zu nehmen. Ich hätte mich gerne noch einmal gesetzt, in meinem Körper schwamm schon wieder alles, doch dafür war ich in der Reihe schon zu weit fortgeschritten. Endlich stand ich vor dem Schalter, die Frau von der Sicherheit blickte mir ernst ins Gesicht und fragte, was ich in Israel vorhabe. „Holidays", sagte ich, was es für beide Seiten erst einmal leichter machte, und ließ mir ein Touristenvisum in meinen Reisepass stempeln. Auf dem Gepäckband drehten meine 32 Kilogramm bereits ihre Runden. Ich stemmte sie auf einen Wagen und ging durch die große Schiebetür nach draußen, in die Empfangshalle.

Das erste, was ich sah, als ich wieder zu mir kam, waren die Luftballons. Sie klebten unter der hohen Decke, viele, bunt und glänzend. Herzen mit Händen, Delphine und Smileys, die in der Wiedersehensfreude entglitten waren. Hinzu kam das Licht, das mir grell in die Augen stach. Verschwommen sah ich die vielen Gesichter über mir, hörte Stimmen, aber verstand nicht, was sie sagten. Jemand legte etwas Weiches unter meinen Kopf. Alles schien ganz weit weg zu sein, bis sich durch den Schleier hindurch ein Wort den Weg zu mir bahnte. „Ambulanz", hörte ich, es wurde immer klarer, bis es endlich in meinem Kopf Gestalt annahm. „Ambulanz." Langsam wurde mein Blick schärfer, ich sah schon die roten Davidsterne vor mir, *Magen David Adom*, die man aus dem Fernsehen kannte, auf den großen weißen Krankenwagen, die heulenden Rotlichter. Augenblicklich kehrte das Blut zurück in meinem Körper, schoss zurück in seine Bahnen und ich war wieder voll da. Setzte mich auf.

„Nein. *No. Lo. Lo Ambulanz.*"

Das schien erst einmal zu helfen. Jedenfalls hielten meine Retter einen Moment in ihrer Geschäftigkeit inne. Zu meinem Glück sah ich im Hintergrund das Gesicht von Alón, das immer wieder über den Schultern der anderen auftauchte. Er bahnte sich seinen Weg durch die Menge, zu mir nach vorne. „Ich will keinen Krankenwagen", sagte ich, als er endlich bei mir war. *„Ma kará ...* was ist passiert?", fragte er einigermaßen erschrocken, so viel Dramatik war er von mir nicht gewohnt. „Ich will keinen Krankenwagen." Jemand reichte mir eine Plastikflasche mit Wasser, Alón legte meine Beine auf die Reisetasche und ein Dritter fühlte den Puls an meinem Handgelenk, sah mir prüfend in die Augen. „Ambulanz?", fragte er, an Alón gewandt. Was wiederum zu hektischen Zuckungen meinerseits führte. Endlich versprach mir Alón, wenn auch nach einigem Hin und Her, dass meine Ankunft in Israel nicht in einem Krankenwagen enden würde.

Das Gute daran war, dass es mir schlagartig besser ging. Ich war zwar erschöpft, aber mein Körper hatte wieder an Kontur gewonnen. So als hätte das System nur einmal runtergefahren werden müssen, um neu starten zu können. Redo and come back again. Alón saß der Schrecken offensichtlich tiefer in den Knochen als mir, und so nahm er die Sache gleich in die Hand. Was ganz praktisch erst einmal hieß, dass er meine 32 Kilogramm in seine Wohnung schleppte, dritter Stock, ohne Aufzug. Er überließ mir sein Bett, und weil ich zu müde war, um zu widersprechen, schlief ich auf der Stelle ein. Als ich am nächsten Mittag erwachte, hatte ich keinen blassen Schimmer, wo ich war.

Ich stand vorsichtig auf und tastete mich durch die Wohnung. Im Flur stand ein hoffnungslos überladener Wäscheständer, die Zimmer waren voll von Umzugskisten, und in der Küche stapelte sich das dreckige Geschirr. Ich griff nach der Wasserflasche im Kühlschrank, nahm einen tiefen Schluck und schmeckte eine unvorstellbar süße Flüssigkeit auf meinem Gaumen, die ich augenblicklich auf die Nudelteller vom Vorabend spuckte. Ich spülte mit Kaffee nach und sah auf dem Küchentisch einen Stadtplan und einen Haustürschlüssel. Daneben klebte einer von Alóns gelben Zetteln: „*Sim lev* ... pass auf", womit er offensichtlich auf die vergangene Nacht anspielte.

Diese kleinen gelben Zettel hatte Alón schon immer geliebt. Als wir zusammen in unserer Berliner WG wohnten, klebten sie überall. Am Computer, am Spiegel im Badezimmer, an der Wohnungstüre. Meist schrieb er deutsche Vokabeln darauf, daneben gab es aber auch einige to-do, to-visit und not-to-do-Listen. Alón war damals für zwei Semester nach Berlin gekommen, wir hatten in einer Vorlesung nebeneinander gesessen, und nach ein paar Wochen war er bei uns in der Nostizstraße eingezogen.

Inzwischen war er Dozent an der juristischen Fakultät in Jerusalem. Er lehrte Strafrecht und Kriminologie. Auch wenn er es sich selten eingestand, so war dieser Job doch das Beste, was ihm passieren konnte. Alón liebte es, Fallkonstellationen zu diskutieren, Argumente hin- und herzuschieben und sich in Schuldtheorien zu verlieren. Am Ende lagen alle Aspekte auf dem Tisch, fein säuberlich geordnet, allein für eine Lösung konnte er sich nicht entscheiden. Ich hätte mir Alón beispielsweise niemals als Strafrichter vorstellen können. Bevor er einen Angeklagten ins Gefängnis geschickt hätte, wäre er wahrscheinlich eher selbst eingefahren, hätte sich in die Fesseln seiner endlosen Pro- und Contra-Listen gelegt.

Immerhin hatte Alón sich, im Gegensatz zu mir, vor zehn Jahren für eine Ehe entschieden. Nach einer längeren Erprobungsphase, die mit einigen schmerzhaften Trennungen einherging, hatte er geheiratet, einen Sohn bekommen und die vergangenen fünf Jahre über eine Trennung nachgedacht. Vor einem Jahr hatte er sich scheiden lassen. „Endlich", hatte ich dazu am Telefon nur gesagt. Das war möglicherweise etwas grob, denn natürlich war so eine Scheidung eine traurige Angelegenheit. Aber beim besten Willen: Ich hatte es nicht mehr hören können.

Seit wir uns kannten, war ich häufig nach Israel gekommen, hatte Alón besucht, war durchs Land gefahren und jedes Mal mit dem Gefühl wieder abgereist, nichts verstanden zu haben. Meine Berliner Freunde sagten, mit dir und dem Land, da ist doch was, so als hätten wir eine heimliche Affäre. Ich beteuerte immer wieder, dass zwischen Alón und mir nichts war, und suchte nach anderen plausiblen Erklärungen für meine stetige Wiederkehr. Vielleicht hätte ich einfach sagen können, dass Israel für mich wie ein großes Labor war, in dem ich etwas über mich herausfinden konnte. Aber irgendwie kam mir das zu schwergewichtig vor. Schließlich war Israel auch Tel Aviv. Die Boulevards, die Kioske, der Strand und das Meer. Die Surfer, die in Gummihäuten an der Fußgängerampel standen, während ihnen das Wasser aus den Haaren tropfte. Die Frauen, die mit Alufolie in den Haaren im Straßencafé vor dem Friseur saßen und frühstückten. Der riesige Typ auf Rollschuhen, der sich für den Messias hielt. Und niemand wunderte sich. Irgendwie war Tel Aviv immer ein bisschen drüber, eine Stadt am Rande des Nervenzusammenbruchs. Ich konnte mir nicht helfen. Aber ich mochte das. Am Ende antwortete ich meinen Berliner Freunden meist nur: „Keine Ahnung, es zieht mich einfach immer wieder dort hin."

Eine heimliche Affäre begann schließlich auch aus keinem anderen Grund.

Alón war der erste gewesen, dem ich mich anvertraut hatte. Lange Zeit hatte ich Angst vor meiner eigenen Idee gehabt und kaum damit rausrücken wollen. Als wir am Telefon aber oft genug über seine Scheidung, meinen Alltag und das Leben danach gesprochen hatten, nahm ich mir ein Herz und versuchte dabei, so beiläufig wie möglich zu klingen. „Jetzt ... nur mal so eine Idee ... Was wäre denn, zum Beispiel, wenn ich eine Zeit lang nach Tel Aviv kommen würde?", hatte ich ihn gefragt, ganz so, als würde ich ein neues Paar Schuhe anprobieren, irgendwelche Flippigen, Hochhackigen und ihn dann fragen: „Die sind schon ein bisschen zu abgefahren für mich? Oder (etwa nicht)? Was meinst du?"

Denn natürlich hatten Alóns Pros und Cons auch ihre positiven Seiten. Soweit sie mein Leben anbelangten, hatte ich sie im Laufe der Jahre als solide Entscheidungsgrundlage zu schätzen gelernt. Am Ende hatte man immer das Gefühl, an alles gedacht zu haben. Und der letzte Mut war ohnehin eine einsame Angelegenheit. „Ich wusste, dass du eines Tages hier sein würdest", hatte Alón nur gesagt.

Zwei Wochen später fand ich ein Paket von ihm in meinem Briefkasten. Es war ein Stadtführer von Tel Aviv, darauf hatte er einen seiner gelben Zettel geklebt: „Wir warten für dich."

Auf dem Küchentisch lag ein Stadtplan. Alón hatte darauf einen Bankautomaten, einen Telefon-Shop und einen Supermarkt eingezeichnet. Ich beschloss, seiner Route zu folgen, und steuerte als erstes den Bankautomaten auf der Ibn Gabirol an. Versuchte mit verschiedenen Tastenkombinationen an mein Geld zu kommen. Woran Alón nämlich nicht gedacht hatte, war, dass dieser Bankautomat nur hebräisch sprach. Ich gab immer wieder meine Geheimnummer ein, doch das einzige, was der Automat ausspuckte, war meine Kreditkarte. Immerhin. Langsam wurde ich nervös, genauso wie übrigens die Leute hinter mir, schließlich hatte ich keine Ahnung, in welche dunklen Kanäle ich mein Geld gerade leitete. Nach dem dritten Versuch gab ich meinen ganzen Stolz auf und vertraute mich dem Mann hinter mir an. Der schien es eilig zu haben, jedenfalls nahm er mir gleich meine Kreditkarte aus der Hand, drückte ein paar Tasten und fragte: „Five hundred?“, worauf ich nickte. „PIN?“, fragte er weiter, worauf ich gerade noch mit dem Kopf schütteln konnte und mich selbst der Tastatur zuwandte. Endlich hörte ich das Rascheln der Scheine. „*Toda raba* ... vielen Dank“, sagte ich, doch der Mann war schon längst mit seinem eigenen Geld beschäftigt. Während ich mich auf den Weg zu meiner nächsten Station machte, versuchte ich, so beiläufig wie möglich, in den lässigen Gang der Tel Aviver zurückzufinden.

Der Sicherheitsmensch am Eingang des Telefon-Shops sah nur gelangweilt in meine Handtasche und sprach dann weiter mit seiner Freundin. Ich zog eine Wartenummer und sah in den Raum. So in etwa hatte ich mir Speed Dating immer vorgestellt. An den langen Tischen saßen sich Paare gegenüber, die Gespräche hatten Tempo, es ging hoch her, mal Lachen, mal Weinen, je nachdem, was es mit dem Telefon des Kunden gerade auf sich hatte. Dann machte es *bling*, die nächste rote Nummer leuchtete an der Wand und wieder fand sich für einige Minuten ein neues Paar.

Neben mir auf der Bank saß eine junge Frau, sie beobachtete die Szene, so wie ich, und wendete dabei ihre Wartenummer nervös hin und her. „Wie ein emergency room hier“, sagte sie und lachte, offensichtlich auch über sich selbst. Dann erzählte sie mir, dass ihr Telefon erst gestern Abend den Geist aufgegeben hatte. Seitdem lebte sie in dem bedrückenden Gefühl, keine Freunde mehr zu haben und von der Welt abgeschnitten zu sein. Isolationshaft konnte nicht schlimmer sein. „Mit meinem Körper gehe ich frühestens nach einer Woche zum Arzt“, sagte sie. Aber so sei es immer noch besser, als am Ende monatelang den Psychiater zu bezahlen. „*Ma la'aßot* ... was soll man machen?“, sagte sie. Dann machte es wieder *bling* und sie verschwand mit der Wartenummer in ihrer Hand.

Als ich mit vollen Plastiktüten in unsere Straße einbog, sah ich Alóns Sohn Orí vor der Türe unseres Hauses stehen. Er hatte den Klapptisch aus dem Badezimmer vor sich aufgestellt und ein großes Pappschild dazu. „*Limonáda*", sagte er zu mir, offensichtlich wusste er noch, wer ich war, und zeigte mir die fünf Finger seiner Hand. Ich gab ihm fünf Schekel, nahm einen Schluck aus dem Plastikbecher und erkannte den Geschmack von heute Morgen wieder. „Hmm ... *tov* ... gut", sagte ich, woraufhin Orí zufrieden nickte und mir gerne einen Nachschlag gewährte.

Ich hätte jetzt irgendetwas Tantenhaftes sagen können. „Mensch bist du groß geworden" (was er tatsächlich war) oder einen ähnlich dämlichen Satz. Aber glücklicherweise hätte er mich ohnehin nicht verstanden. Orí musste jetzt ungefähr neun Jahre alt sein. Seit der Scheidung pendelte er zwischen den Wohnungen seiner Eltern hin und her. Er sprach ein paar Worte auf Hebräisch mit mir, die offensichtlich irgendetwas mit seiner *limonáda* zu tun hatten, und als ich mit den Schultern zuckte, *ich verstehe nicht,* sah er mich aus seinen großen braunen Augen an und bewegte seinen Mund ganz vorsichtig. So als würde es helfen, wenn ich die Worte von seinen Lippen ablas. Er gab sich alle Mühe, zu mir vorzudringen, legte den Kopf zur Seite und formte seine Lippen noch langsamer, doch vergebens. Schließlich verstummte er, ein bisschen verzweifelt, und ich nahm mir vor, mich noch am selben Nachmittag für einen Sprachkurs anzumelden.

Glücklicherweise war ich nicht die erste Neueinwanderin in Israel, sodass ich auf die lange Tradition des *Ulpan* zurückgreifen konnte. Auf dem Weg an die Uni musste ich an meinen ersten Schultag denken. Damals fuhr meine Mutter noch einen gelben Ascona, und ich saß auf dem Rücksitz hinter ihr, neben mir mein blauer Scout-Tornister. Dieses Mal saß ich in einem Taxi und sah draußen die vollen Busse, die im Berufsverkehr in Richtung Norden fuhren.

Bislang war ich nie auf die Idee gekommen, in Tel Aviv mit dem Bus zu fahren. Die Taxen waren hier nicht so teuer wie zu Hause, außerdem war mein Vater immer gerne bereit gewesen, den Sicherheitszuschlag in meinem Reisebudget zu stellen. Aber jetzt lebte ich hier. Und mein Vater, nun ja. Seit ich hier war, hatte ich nicht mit ihm gesprochen. Fräulein Fröhlich hatte damals natürlich nicht zurückgerufen. Ein paar Tage hatte ich auf ihren Anruf gewartet. Darüber nachgedacht, es noch einmal zu versuchen. Mich am Ende über mich selbst geärgert. Schließlich war ich nicht nach Tel Aviv gekommen, um jetzt hier neben dem Telefon zu sitzen. Sollte er doch seinen Segen für sich behalten. Schließlich war ich erwachsen, alt genug, um meine Entscheidungen allein zu treffen. Hatte ich jedenfalls bislang gedacht.

Ich ließ mich in den Sitz des Taxis zurückfallen und spürte den warmen Fahrtwind in meinem Gesicht. In Berlin war ich immer mit der U-Bahn ins Büro gefahren. Meist saß ich einfach nur da, starrte in die vorbeiziehende Stadt und wurde langsam wach. Auf meinen letzten Fahrten in die Kanzlei hatte ich ausprobiert, wie es sich anfühlen kann, in einem israelischen Bus zu sitzen, und war dabei ziemlich nervös geworden. Nach und nach hatte ich mich von dem Luxus verabschiedet, im Alltag in Ruhe reisen zu können.

Vor dem Wegeplan auf dem Campus stand jemand, der ähnlich verwirrt schien wie ich. Er kaute auf seinem Kugelschreiber und sah mich ratsuchend an. „Ulpan?", fragte er durch seine runden Brillengläser. Sein Name war Ryan. Er hatte dichte schwarze Locken und seine dünnen Beine steckten in beigefarbenen Shorts.

Ich zuckte mit den Schultern. Der Wegeplan half nicht wirklich weiter, weil wir Hebräisch ja erst noch lernen wollten, und so bahnten wir uns fragend den Weg über das Gelände. Was uns wiederum dazu führte, von Gebäude A nach B zu laufen, von dort zu F und wieder zurück zu D. Im Studentenbüro erklärte man uns schließlich, dass *kita alef*, also die erste Klasse, jetzt in Gebäude C sei, nicht wie geplant in D, weil dort die Klimaanlage ausgefallen sei. So ging es noch eine Weile hin und her, bis uns schließlich mitgeteilt wurde, dass sich unser Klassenraum gleich neben der Cafeteria befand.

Dort angekommen stellte ich fest, dass die Hot Pants an der Uni in den vergangenen Jahren noch kürzer und die Dekolletés entsprechend tiefer geworden waren, sodass ich mich in meinem Sommerkleidchen augenblicklich asexuell fühlte. Ryan setzte sich freundlicherweise trotzdem neben mich. Er erzählte mir, dass er aus Boston komme und gerade bei seiner russischen Großmutter lebe, die er seit seiner *Bar Mitzwa* vor fünf Jahren nicht mehr gesehen hatte. Ab dem nächsten Semester wollte er in Oxford Mathematik studieren. Er war gerade mit der High School fertig geworden. „Scheiße." – Entschuldigung. Aber das war das einzige, was mir dazu einfiel.

Das war mehr als 15 Jahre her. 15 Jahre waren seit meinem letzten Schultag vergangen und ich hatte keine Ahnung, wo diese Zeit geblieben war. Ich versuchte mich an das Lebensgefühl von damals zu erinnern, dieses Gefühl, alle Zeit der Welt zu haben, und fragte mich, wann es mir abhanden gekommen war. Die erste Erinnerung daran, dass es fehlte, stammte wohl aus der Phase vor meinem ersten Staatsexamen. Ich sah mich noch durch den Supermarkt rennen mit der Wut auf jeden Kunden, der vor mir an der Kasse stand und mir learnable minutes stahl. Später hatte das Gefühl auf mein Leben übergegriffen. Bis es sich so anfühlte, als würde ich unter einer großen Glasglocke leben, unter welcher der Druck ständig stieg und mir irgendwann die Luft zum Atmen nehmen würde.

Bevor ich weiter in meinen Gedanken versinken konnte, marschierte Liora in den Klassenraum. Sie inspizierte kurz die Lage, stellte ihre große Tasche auf den Tisch und sah uns aufmunternd an. *„Shalom*[1], *ani hamora* ... Friede, ich bin die Lehrerin", sagte sie.

Zunächst einmal machte sie einen recht freundlichen Eindruck, wodurch man sich allerdings täuschen lassen sollte, denn sie konnte unerbittlich sein. Vor allem, wenn es um Lesen und Schreiben ging. Liora war nicht allzu groß, dafür aber kräftig gebaut, und auf ihrem Kopf trug sie jeden Tag einen anderen bestickten Hut. Mittags, wenn sie uns zu unseren Hausaufgaben entlassen hatte, stieg sie in einen weißen Minibus auf dem Parkplatz. Zu Hause standen sieben Kinder unter ihrem Kommando.

„Ivrit ist eine leichte Sprache", pflegte sie zu sagen. Jeder, der etwas anderes behauptete, war eine Memme.

Ohne überflüssige Worte zu verlieren, machte Liora eine Runde durch die Klasse und schrieb unsere Namen in großen hebräischen Lettern auf Pappschilder, die sie vor uns auf die Tische stellte. Dann malte sie ein großes *Alef* an die Tafel. Von diesem Tag an schenkte sie uns jede Stunde einen neuen Buchstaben, den wir sorgfältig in unsere Hefte kopierten. Ich musste an Frau Schulmann denken,

---

[1] Um eines klar zu machen. So einfach war es nun auch wieder nicht. Richtigerweise musste es an dieser Stelle שלום heißen. Aber wären Sie auf die Idee gekommen, dass es sich hierbei um „Frieden" handelte? Zum einen las man im Hebräischen von rechts nach links, sodass „shalom" ... „molahs" geschrieben wurde. Zudem sparte man es sich, die Vokale mitzuschreiben (außer in den Schulbüchern für I-Dötzchen), sodass man „shalom" genau genommen nicht „molahs", sondern „mlsh" schrieb. Das alles will ich Ihnen auf den nächsten Seiten ersparen und es daher bei den Phonetics belassen. Von denen sich übrigens Liora schon in der ersten Stunde verabschiedete. *„Bye, bye Phonetics"*, waren ihre letzten Worte, die sie in Englisch an uns richtete.

meine Grundschullehrerin und das große Buchstabenhaus, das an dem Kartenständer in unserem Klassenraum hing.

Nach dem Unterricht ging ich gemeinsam mit Ryan hinaus auf die Straße, wo er sich in Richtung Bushaltestelle verabschiedete. Ich druckste ein wenig herum und sagte dann, dass ich noch Bleistifte kaufen müsse. Jetzt, vor seinen Augen, in ein Taxi zu steigen, erschien mir einigermaßen uncool. Zumal, wenn ich mir vorstellte, ihn später in irgendeinem überfüllten Café wiederzutreffen. Auf dem Weg in den Schreibwarenladen beobachtete ich die anderen Studenten, die an die Bushaltestelle liefen. Sie machten nicht den Eindruck, als seien sie irgendwie beunruhigt. Im Gegenteil. Von ihnen konnte ich einiges für meinen Tel-Aviv-Gang lernen.

Schließlich rief ich Alón an. Er war nicht unbedingt bekannt dafür, ein Schwarzenegger zu sein, insofern hoffte ich auf seinen zuverlässigen Rat.

„Schon lange ist nichts mehr passiert", sagte er, offensichtlich sehr in Eile, und ließ mich mit meiner weiteren Routenplanung allein.

Ich spähte noch einmal die Haltestelle aus, verwickelte meine israelischen Kommilitonen in Gespräche und hatte bald herausgefunden, dass der 25er in die Stadt fuhr. Am liebsten hätte ich jeden einzelnen von ihnen zusätzlich gefragt, ob er es für zu riskant hielt, in Israel den Bus zu nehmen. Doch bevor ich meine Frage formuliert hatte, waren sie alle schon längst eingestiegen. Unschlüssig stand ich an der Bushaltestelle und wähnte in der flirrenden Hitze des Nahen Ostens einen gelben Ascona zu sehen. Mindestens drei 25er ließ ich ohne mich weiterfahren.

Irgendwann musste ich dann doch eingestiegen sein, denn ich fand mich auf dem Platz hinter dem Fahrer wieder. Der Bus wurde auf dem Weg in die Stadt immer voller, ich beobachtete jeden neuen Passagier und versuchte, mein persönliches Täterprofil zu entwickeln. Der Fahrer hörte die Nachrichten im Radio. Um mich abzulenken, sah ich draußen auf die vorbeiziehenden Straßenschilder und Reklametafeln, ich suchte nach jedem *Alef*, das ich finden konnte, und verzweifelte an den vielen anderen Buchstaben. Liora hatte uns eben erklärt, dass Ivrit, also das moderne Hebräisch, auf der Sprache der Bibel basierte. Dann hatte sie Ben Gurion zitiert, der gesagt haben soll: „Wenn Moses heute zurückkäme und um ein Stück Brot bitten würde, würde man ihn verstehen." Nun. Da hatte Moses mir gegenüber eindeutig etwas voraus.

Als wir die Ibn Gabirol erreichten, war der Bus bis auf den letzten Zentimeter gefüllt und ich wusste nicht, was mir das Atmen schwerer machte, meine Sorge oder die Hitze. Die Kombination aus beidem jedenfalls war von der Leichtigkeit eines Sommertages weit entfernt. Mein Kleidchen war inzwischen klatschnass, in meinem Kopf schwirrten die *Alefs* und mein Kreislauf schickte warnende Blitze. Der Fahrer steuerte die nächste Haltestelle an, und ich sah die Menschenschlange, die drohte, in den Bus zu kriechen. Als ich schließlich die feuchte Haut meines behaarten Nachbarn an meiner Schulter spürte, gab mein Körper den Marschbefehl. Ich sprang von meinem Sitz und drängte an den anderen vorbei nach draußen. Mindestens fünf Haltestellen zu früh. Selten hatte ich es so genossen, zu Fuß zu gehen.

Beim Abendessen fragte mich Alón, wie meine erste Busfahrt gewesen sei.

„Nun", sagte ich. „Es ist nichts passiert." Ohne die fünf Haltestellen zu erwähnen. „Die Wahrscheinlichkeit", dozierte er, „dass du in Israel bei einem Verkehrsunfall ums Leben kommst, ist höher als die Wahrscheinlichkeit, bei einem Anschlag ums Leben zu kommen."

Was mich ein wenig enttäuschte. Ich war von Alón bessere Argumente gewohnt. Schließlich wusste er genauso gut wie ich, dass man sich in Israel beiden Risiken gegenüber sah. Außerdem war es mir im Endeffekt vollkommen egal, ob ich nun bei einem Unfall oder einem Anschlag starb. Im Großen und Ganzen mochte ich mein Leben ganz gerne.

Doch ich hielt meinen Mund. Oder besser, ich aß meinen Teller leer. Was sollte ich ihm hier jetzt mit Logik kommen. Dafür war mir seine Milchmädchenrechnung viel zu angenehm.

September

Zweiter Monat, in dem die Sonne unter- und das Licht ausgeht und ich am Ende zum Cremeschnittchen werde.

Es war kurz nach zehn, an einem *Sabbat* Morgen, und Alón legte das Telefon nach einem kurzen Gespräch zurück auf den Küchentisch. „... wenn die Sonne ist untergegangen ...", sagte er wie zu sich selbst. Ich hatte keine Ahnung, wovon er sprach.

Am Abend zuvor hatten wir uns endlich auf die Zimmersuche gemacht. Ich schlief seit vier Wochen auf dem Sofa, was mich mein Rücken inzwischen spüren ließ, und kam alleine nicht weiter. Die WGs auf den englischsprachigen Internetseiten waren hoffnungslos überteuert und Alón hatte immer wieder versprochen, mir zu helfen. Doch irgendwie war es nie dazu gekommen.

Jetzt aber, schließlich dann doch, lag eine Liste mit Nummern vor uns, die wir der Reihe nach abtelefonierten. Das erste Zimmer war im Norden der Stadt, am Ufer des Ha-Yarkon. Für diesen Standort sprach, dass er in der Nähe der Uni lag und damit meine Busfahrten so kurz wie möglich halten würde. Was gegen ihn sprach, war die Tel Aviver Wohnsoziologie. So wie überall auf der Welt gab es auch hier ein Nord-Süd-Gefälle: Der Norden war reich, und der Süden war arm. Genauso richtig war allerdings: Der Süden war cool, und der Norden war uncool. Und so konnte man, bei genauerer Betrachtung, auch von einem Süd-Nord-Gefälle sprechen. Es kam eben immer darauf an, von welcher Seite man das Ganze betrachtete.

Alón erzählte mir, dass das Gespräch mit meinem *baal-habait* ... also Hausherrn ganz vielversprechend begonnen hatte. Erst als es um den Preis ging, habe er angefangen, so merkwürdig rumzueiern. Offensichtlich hatte er Alón vorgeschlagen, eine Summe zu nennen, worauf er dann mit „Ja" oder „Nein" antworten würde. Alón hingegen war nicht bereit gewesen, unsere Karten von vorneherein auf den Tisch zu legen, und so waren die Verhandlungen stecken geblieben. Alón hatte angeboten, dass wir kurz vorbeikommen und bei der Gelegenheit über den Preis sprechen könnten. Daraufhin hatte der *baal-habait* noch mehr rumgeeiert und schließlich etwas von *Sabbat* gemurmelt. Und dass wir nach Sonnenuntergang noch einmal anrufen sollten.

Für einen religiösen Juden gab es, wenn man genauer darüber nachdachte, eine Menge guter Gründe, ein solches Telefonat gar nicht erst zu führen. Insofern war nur allzu gut nachvollziehbar, dass dem *baal-habait* die Sache irgendwann zu heiß geworden war. Schließlich stand schon in der Genesis geschrieben: „Und Gott segnete den siebenten Tag und heiligte ihn ...". Hinzu kamen 613 *Mizwot*, also die Vorschriften der Thora, an die sich ein gläubiger Jude halten musste, wenn er auf die kommende Welt hoffte. Es fing damit an, dass es am *Sabbat* verboten war, ein Feuer zu entfachen. Da elektrischer Strom aber so etwas Ähnliches war wie ein Feuer, weil dabei irgendwelche Funken flossen, durfte man am siebten Tag der Woche keine elektrischen Geräte benutzen. Also im Grunde auch kein Telefon. Zudem war eine Zimmervermietung etwas, wofür man in der Regel Geld haben wollte, also ein Geschäft. Ebensolche zu machen, war am *Sabbat* auch verboten. Es gab jede Menge Regeln für den Ruhetag und noch mehr Interpretationen eben dieser, aber als allgemeine Leitlinie konnte man sich wohl merken, dass am *Sabbat* jede Handlung verboten war, durch die eine neue Situation geschaffen wurde. Insofern gab es keinen Zweifel daran, dass man nicht vor dem *Sabbat* ein freies Zimmer und nach dem *Sabbat* eine neue Untermieterin haben konnte. Das hätte die Situation eindeutig verändert. Vor allem meine.

Nach diesem Gespräch weigerte sich Alón erst einmal, die Liste weiter runterzutelefonieren. Er war der Ansicht, dass der *baal-habait* keinen Wettbewerbsnachteil erleiden dürfe, nur weil er den Regeln seiner Religion folgte. Ich machte ihn darauf aufmerksam, dass der Wohnungsmarkt in Tel Aviv hart umkämpft sei, zumal im Sommer, wenn die französischen Juden die Stadt und den Strand einnahmen. Insofern war damit zu rechnen, dass nach Sonnenuntergang immer noch genügend Leute am Ufer des Ha-Yarkon Schlange stehen würden. Als auch das ihn nicht überzeugte, erinnerte ich ihn an meinen Rücken, drückte ihm das Telefon in die Hand und wir telefonierten weiter.

Hinter den Nummern zwei bis vier auf unserer Liste verbargen sich Anrufbeantworter. An der fünften und sechsten Position hieß es, dass die Franzosen schneller waren. An der siebenten Stelle meldete sich eine alte Dame, die ein Zimmer zu vergeben hatte, allerdings ohne *masgan.* Ich lehnte dankend ab, schließlich war eine Klimaanlage kein übertriebener Luxus, wenn einem schon morgens beim Zähneputzen der Schweiß durchs Gesicht lief. Unter der achten Nummer meldete sich überhaupt niemand und an der neunten erst, nachdem Alón es ungefähr 28 Mal hatte klingeln lassen. Wir hatten meinen potentiellen Mitbewohner offensichtlich aus dem Schlaf gerissen, aber dafür war das Zimmer noch frei und wir verabredeten uns um vier Uhr in der Wohnung.

Bis dahin schufen wir Ordnung. Orí war an diesem Wochenende bei seiner Mutter und ich nutzte die Chance, seine *limonáda*-Flaschen zu entsorgen. Der ganze Kühlschrank war inzwischen voll davon. Ich kippte die Flüssigkeit in die Spüle, woraufhin die welken Minzblätter den Abfluss verstopften und sich ein Zuckerguss über meine Finger legte. Zusammen mit dem ganzen anderen Müll brachten wir die Plastikflaschen nach unten, zu den großen Gittercontainern, die in Tel Aviv an jeder Ecke standen. Dort trafen wir auf einen alten Mann, der mit einem Holzstock in dem Plastikhaufen rührte, geschickt die kleinen Flaschen herausfischte und auf sein überladenes Fahrrad lud. Als er uns kommen sah, legte sich sein neugieriger Blick auf unser Sortiment, und Alón reichte ihm wortlos die kleinen Flaschen. Nur diese nämlich ließen sich noch zu Geld machen. Die großen hingegen waren pfandfrei, weil es die religiösen Parteien in der Knesset so wollten. Sie argumentierten damit, dass religiöse Familien in der Regel große Familien seien, die viel Wasser, also große Wasserflaschen brauchten. Damit aber diese durch das Pfand nicht teurer wurden, wenn auch nur vorübergehend, gab es eben nur Pfand auf die kleinen Flaschen. Machte ja irgendwie Sinn.

Um vier Uhr klingelten wir an der Wohnung in Florentine. Der Stadtteil lag ganz im Süden der Stadt. Cooler ging es also kaum. Man sagte, in Florentine lebten die Künstler. Alón gefiel der Gedanke, dass ich dort wohnen würde. Irgendwie fand er es wohl attraktiv, jemanden zu kennen, den er abends auf ein Bier besuchen konnte. Nur um dann später zurück nach Hause, in die Stadtmitte, zu fahren.

Die Haustür öffnete sich erst, nachdem wir ein paar Mal geklingelt hatten. Mein Mitbewohner wartete im dritten Stock auf uns. Er hielt die Klinke seiner Wohnungstür fest in der rechten Hand, hatte schwere Ränder unter den Augen und war nach dem Telefongespräch am Morgen offensichtlich schnurstracks zurück ins Bett gegangen. Auch die Wohnung hatte schon lange kein Tageslicht mehr gesehen, es gab nicht die leiseste Ahnung von frischer Luft, und spätestens als ich die Kakerlake entdeckte, die durch den Flur in Richtung Schlafzimmer huschte, wusste ich, dass ich hier keine einzige Nacht verbringen würde.

Alón sah das offensichtlich anders. Mit ehrlichem Interesse stellte er eine Frage nach der anderen, so dass der Typ, der niemals mein Mitbewohner werden würde, mir fast ein bisschen leid tat. Er stellte sich dem Gespräch, so mannhaft es ihm möglich war, und das im wahrsten Sinne des Wortes, denn offensichtlich hatte er einige Schwierigkeiten, sich auf den Beinen zu halten. Jedenfalls suchten seine Hände hinter seinem Rücken immerwährend Halt am Küchentisch. Ich hatte keine Ahnung, was er in den vergangenen 24 Stunden alles zu sich genommen hatte, aber allein sein Anblick trieb mir den kalten Schweiß auf die Stirn. Nachdem Alón endlich alles wusste, was nur er wissen wollte, sagte er zum Abschied, dass wir uns bald melden würden. Ich sagte nichts.

Wir gingen ins Bugsys, um einen Kaffee zu trinken, und Alón erzählte mir in allen Einzelheiten, was er herausgefunden hatte. Auch der Preis für die Wohnung sei ausgesprochen günstig, zumal er davon ausging, dass die Mieten in Florentine bald steigen würden.

„Weißt du, was er gesagt hat eben?", fragte Alón. Offensichtlich hatten sie sich über den Wohnungsmarkt unterhalten und der Typ hatte gesagt, dass er die Miete in fünf Jahren nicht mehr zahlen könne, wenn es so weiter gehe. Nur um dann hinterher zu schieben: „Nun ja, wenn es uns hier in Israel in fünf Jahren überhaupt noch gibt."

Kaum war die Sonne im Meer verschwunden, riefen wir noch einmal bei dem religiösen *baal-habait* am Ha-Yarkon an. Er bedauerte es sehr, aber das Zimmer war inzwischen vergeben, und wünschte uns viel Glück für die weitere Suche. Alón warnte mich mit einem kurzen Blick vor jedem weiteren Wort und versprach weiterzusuchen. Demnächst.

Als Alón einige Tage später nach Hause kam, wusste ich, noch bevor er richtig da war, dass etwas nicht stimmte. In seiner Hand hielt er einen Bescheid der israelischen Armee. Demnach musste er zu einer Reserveübung in die Wüste

Negev kommen. Und zwar in nicht weniger als fünf Tagen. Auch der Ernstfall ließ schließlich nie lange auf sich warten, und auch der würde keine Rücksicht darauf nehmen, dass es im Leben des Soldaten einen neunjährigen Sohn gab. Orís Mutter war für zwei Wochen mit ihrem neuen Freund nach Zypern geflogen, und so lag auf der Hand, dass Orí und ich ein paar Tage alleine verbringen würden.

Einen Sonntag später verließen wir am Morgen zu dritt das Haus. Ich sah Alón zum ersten Mal in Uniform. *Gar nicht übel*, dachte ich, was mich jetzt selbst überraschte, denn bislang hatte ich nicht geahnt, dass ich auf Militär und so einen Kram stand. Die olivgrüne Uniform brachte Alóns breite Schultern zur Geltung und seine glänzenden schwarzen Haare, die an den Schläfen ergrauten. Normalerweise verließ er das Haus morgens in Jeans und einem ungebügelten Hemd.

Damals an der Uni war mir Alón sofort aufgefallen. Und ich ihm. Schon in der zweiten Vorlesung setzte er sich neben mich. Doch wir hatten nie etwas daraus gemacht. Mich hatte immer dieses Gefühl begleitet, dass sich Alón seiner Sache nicht ganz sicher war. *Ja? Nein? Vielleicht?* Was mich wiederum unsicher machte. Oder war es vielleicht umgekehrt? Aber das war jetzt auch egal. Wir hatten schon vor langer Zeit beschlossen, und zwar jeder für sich, dass wir gute Freunde sein wollten.

Orí saß schon auf der Treppe vor der Wohnungstüre, als ich am Mittag nach Hause kam, und wir machten uns gemeinsam auf den Weg in den Supermarkt. In der Regel kostete mich ein solcher Einkauf Stunden. Den Inhalt der meisten Verpackungen konnte ich nur erraten, denn an den Bildern und Zeichen ließ sich häufig nur schwer erkennen, was in ihnen steckte. Fast alle Verkäuferinnen waren in den Neunzigerjahren aus der ehemaligen Sowjetunion nach Israel gekommen, als ihre Heimat zusammenbrach. Sie alle waren freundlich zu mir, schließlich hatten sie vor nicht allzu langer Zeit genauso ratlos vor den Regalen gestanden. Ihre Hilfsbereitschaft half allerdings nur bedingt weiter, da mein Russisch noch schlechter war als mein Hebräisch. Orí witterte seine Chance. Zielsicher nahm er meine Hand und lotste mich zu den Produkten seiner Wahl, sodass unser erstes gemeinsames Mittagessen aus einem Haufen Spiralnudeln mit viel Butter, Erdnussflips, einer zermatschten Avocado und Schokoladeneis bestand.

Am Nachmittag saßen wir gemeinsam am Küchentisch und machten unsere Hausaufgaben. Abends rief Alón an und Orí fragte, ob er bald zurück nach Hause käme. Nachts kroch er unter meine Decke.

Einige Tage später kam ich aus dem *Ulpan* nach Hause und fühlte mich, als hätte mir Liora eigenhändig das Hirn gewaschen. Ich machte noch einen Umweg durch den Supermarkt, um für Wasser zu sorgen, und schleppte die zwölf Liter-Flaschen nach Hause. Als ich schließlich den dritten Stock erreicht hatte, fand ich an unserer Wohnungstür einen Zettel mit roten Buchstaben, die ich nicht entziffern konnte, und legte ihn zu der anderen Post auf Alóns Schreibtisch. Dann stellte ich die Klimaanlage an, stieg unter die Dusche und fiel danach in einen tiefen Mittagschlaf, und das im wahrsten Sinne des Wortes.

Am Abend saß ich mit Orí vor dem Fernseher. Das Finale von *„Kochav Nolad“* ... „Ein Stern wird geboren“, was so viel war wie „Deutschland sucht den Superstar“. Dieses Finale jedenfalls ging in seine entscheidende Phase. Orí war für Marina, eine Zwanzigjährigen aus Dnipropetrovsk, was, wie wir inzwischen gelernt hatten, in der Ukraine lag. Kaum hatte sie ihren Auftritt, klingelte das Telefon und Orí nahm ab. Dieses Mal war er es, der nichts verstand, und so reichte er den Hörer schnell weiter an mich. Meine Mutter war dran.

Seit ich nach Israel gegangen war, hatten wir ein paar Mal heimlich gesimst, sie hatte mir ihren Segen für diese Reise gegeben, aber keine Lust gehabt, deshalb einen Streit mit meinem Vater vom Zaun zu brechen. Insgeheim konnte sie meine Entscheidung, die Kanzlei zu verlassen, wohl gut verstehen, schließlich hatte sie ihr Leben lang unter den billable hours meines Vaters gelitten. Abgesehen davon hoffte sie auf ganz andere Dinge in meinem Leben. Nur Israel. Das hätte es nicht unbedingt sein müssen. Es gab doch genug andere Länder auf dieser Welt.

„Und, wie geht es dir?", fragte sie, nur um mir im selben Atemzug zu erzählen, dass mein Vater auf dem Juristentag in Frankfurt sei, meine Nichten und Neffen sie am Wochenende besucht hätten und die kleine Marlene von Tag zu Tag hübscher wurde. „Aber, wie geht es denn bei dir? Erzähl doch mal."

„Ich sitze gerade mit Orí vor dem Fernseher", sagte ich und erzählte ihr von meinem Leben in Tel Aviv. Während ich mir zuhörte, wurde ich mir selbst fremd. Noch vor zwei Monaten hatte ich in meinem Büro gesessen, meine Mutter kannte den Namen meiner Sekretärin und konnte sich ziemlich genau vorstellen, wie mein Tag ablief. Auf einmal war alles anders. Oder fast alles.

„Und wer ist Orí?", fragte meine Mutter. „Mama. Orí ist neun." – „Ach so ..." – „Ich habe dir doch erzählt, dass Alón einen Sohn hat." – „Ja, stimmt, ich erinnere mich", sagte sie, während ich im Hintergrund das Klappern der Teller hörte, die sie aus der Spülmaschine räumte. „Aber mal was ganz anderes. Du fährst doch da nicht mit dem Bus, oder?" – „Ne, ne ..." – „Versprich mir, dass du dir ein Taxi nimmst", sagte sie und ich fühlte mich, als hätte ich gerade im Supermarkt mein erstes Kaugummi geklaut. „Ja, ja ..." – „Ich schick dir auch Geld, wenn du welches brauchst ... Sag mir Bescheid."

Für einen Augenblick hörte ich nur das Knacken in der

Leitung zwischen Köln und Tel Aviv. Dann war es still. „Mama?“ – „Ja?“ – „Mach dir keine Sorgen, O.K.?“ – „Ne, ne ...“ Damit verabschiedeten wir uns in die Nacht.

In der Wohnung war es auffallend ruhig, als ich am nächsten Tag aus der Uni nach Hause kam. Wie immer schaltete ich als erstes die Klimaanlage an, allerdings ohne Erfolg. Ich kletterte aufs Sofa, um es noch einmal ohne Fernbedienung zu versuchen, doch es blieb nichts als die Hoffnung auf kalte Luft. Dann sah ich die riesige Pfütze vor dem Kühlschrank.

Immerhin kam Orí bald nach Hause. Nachdem ich ihm klar gemacht hatte, dass die Lage ernst war, zeigte er mir den Sicherungskasten im Flur, doch da schien alles in Ordnung. Ich klingelte bei unseren Nachbarn, die alle nicht zu Hause waren, und wusste mir schließlich nicht anders zu helfen, als Alón in der Wüste anzurufen. „*Achschaw lo* ... jetzt nicht“, flüsterte er und drückte mich weg.

In der Küche braute sich langsam stickige Luft zusammen. Ich nahm einen großen Müllbeutel und räumte den Kühlschrank aus, während Orí sich aufs Sofa setzte und offenbar beschlossen hatte, stillschweigend auf den nächsten Winter zu warten. Dann fiel sein Blick auf den kleinen Zettel mit den roten Buchstaben, der auf dem Schreibtisch ganz oben lag. Er stand auf, griff danach und legte seine kleine Stirn in Falten. Offensichtlich sah er diesen Zettel nicht zum ersten Mal, jedenfalls redete er plötzlich aufgeregt auf mich ein. Als auch das nicht weiterhalf, gingen wir mit dem Zettel raus auf die Straße. Mir fiel unser Waschsalon ein.

Der Waschsalon gehörte Sergej. Er war vor 17 Jahren aus Usbekistan nach Israel eingewandert, und von ihm wusste ich, dass er nach einem DDR-Aufenthalt etwas deutsch sprach. Wir waren gute Kunden. Seit unsere alte Waschmaschine vor Wochen kaputt gegangen war, betrieb Alón eine ausgesprochen unergiebige Marktforschung. Den Preis, den wir dafür zahlten, war, dass unsere Wäsche roch als habe sie an einem chemischen Experiment teilgenommen. Abgesehen davon war sie noch Tage später lauwarm.

Sergej hatte einen dicken, behaarten Bauch, den er zwischen T-Shirt-Saum und Hosenbund zu zeigen pflegte. Außerdem hatte er eigentlich immer gute Laune. Kaum waren wir im Laden, verfiel er auch schon in einen scharfen Exerzierschritt. Mit jenem Tag nämlich, an dem ich meine Heimatstadt Berlin erwähnt hatte, waren in ihm alte Erinnerungen wach geworden. Inmitten der dreckigen Wäsche hatte er sich in den jungen Mann verwandelt, der gemeinsam mit den Kameraden von der NVA auf einer Mai-Parade marschierte und Walter Ulbrich salutierte. Seither marschierte er einmal pro Waschgang auch für mich.

„Es er-blü-hen Ja-hr für Ja-hr ne-ue Ge-ne-rat-ion-en", sang er dazu mit einem harten russischen Akzent. „Doch im Her-zen im-mer-dar wird der Na-me Thäl-mann wohnen." „Hör auf, Sergej ...", sagte ich. Schließlich hatte ich nun wirklich andere Sorgen. – „Hey, Berlin ... was gibt's?" Wortlos legte ich den Zettel auf die Theke. Sergej blieb stehen und fragte mich besorgt, wann ich den Zettel gefunden hätte. „Vor ein paar Tagen oder so." Endlich verriet mir jemand, also Sergej, dass die Stromrechnung nicht gezahlt sei und der Zettel damit drohe, den Strom binnen 48 Stunden abzustellen. 48 Stunden war jetzt.

„*Eize mafia* ...", schimpfte er mit seiner rauen Stimme, die das Nikotin über viele Jahre gefärbt hatte. „Methoden sind das, immer schlimmer wird es." Doch das war erst der Anfang seiner Kapitalismuskritik. Er steigerte sich immer weiter hinein, verfiel zwischendurch ins Russische, und schien kein Ende zu finden. Inzwischen hatte eine andere Kundin den Laden betreten und bestätigte ungefragt, dass die Zeiten immer härter wurden. „Das ist ein Dschungel hier", sagte sie. „Da muss man sehen, wo man bleibt."

Orí hatte sich inzwischen hinter die Theke verdrückt und sah fasziniert in die riesige Maschine, in der die Wäsche schleuderte. Mich, meinen Zettel und mein Problem hatten inzwischen alle vergessen. *„Nú, ma la'aßot?"*, fragte ich vorsichtig in die aufgeregte Debatte. „Also, was kann man machen?"

So wie Sergej hatte sich auch die Kundin in Rage geredet und fragte nun, fast vorwurfsvoll, warum die Rechnung eigentlich noch nicht gezahlt sei. Ich beeilte mich zu erklären, dass es gar nicht meine Wohnung sei, in der es keinen Strom gebe, sondern die von einem Freund, dass der gerade nicht da sei und ich nur vorübergehend dort wohne. „Soll der sich doch darum kümmern", sagte die Kundin. „Stimmt, das ist nicht gut ... dich zu lassen damit allein", sagte Sergej. „Lass ihn das machen."

Es dauerte eine Weile, bis ich außerdem erklärt hatte, dass 36 Grad herrschten. Ohne Klimaanlage. Ich also keine Zeit zu verlieren hatte. Was sie einsahen. Und der Freund mit der Wohnung zweitens bei 43 Grad in einem Schützengraben in der Wüste saß, um seinen Dienst am Vaterland zu tun. Damit war erst einmal Ruhe. *„Nú ...?"*, fragte ich noch einmal, während mir der Schweiß in die Kniekehlen lief. Das hier war nun wirklich die feuchte Hitze einer Waschküche.

Endlich nahm Sergej den Zettel richtig in die Hand und zeigte mir eine Nummer, die ich anrufen konnte. Im Übrigen war er nunmehr der Ansicht, dass ich das Problem lieber heute als morgen lösen solle. Schließlich war heute schon Donnerstag, also morgen Wochenende. „Und mach einen richtigen *balagan* ... einen richtigen Aufstand", riet er mir. „Ohne *balagan* läuft in Israel gar nichts."

Ich verzog mich zu Orí in eine hintere Ecke des Waschsalons, setzte mich auf einen großen Wäschehaufen und wählte die Nummer. Eine automatische Stimme bot mir zwei Menüs zur Auswahl, das eine auf hebräisch, das andere auf russisch, und forderte mich auf, irgendwelche Nummern zu drücken. Also drückte ich irgendwelche Nummern, immer von der Hoffnung getragen, demnächst eine menschliche Stimme zu vernehmen. „*Sawlanut, sawlanut* ...", aber war das einzige, was ich zu hören bekam, „Geduld, Geduld." Als mir diese endgültig abhanden kam, bat ich Sergej, mir bei dem Stromriesen Gehör zu verschaffen.

Drei Waschladungen später drückte er mir schließlich eine echte Stimme in die Hand. Sie erklärte mir, dass nur der Vertragspartner das Problem lösen könne, mit einem nicht-israelischen Pass schon mal gar nichts zu regeln sei und der Mieter doch bitte nächste Woche noch einmal anrufen möge. Ich versuchte die Stimme davon zu überzeugen, dass ich einzig und allein in der Absicht handelte, die Rechnung zu bezahlen, versuchte es mit vernünftigen Argumenten und als auch das nicht half, besann ich mich Sergejs Rat. Ich zog sämtliche Register, machte einen richtigen *balagan*, die große Hitze, das kleine Kind und die israelische Armee, steigerte mich immer weiter in die Tragödie hinein, sah uns schon vertrocknet am Küchenboden liegen, bis mir tatsächlich fast die Tränen in den Augen standen. Sergej stand hinter der Theke und beobachtete mich besorgt. Der *balagan* aber zeigte Wirkung, die Stimme ließ sich schließlich erweichen, zeigte Verständnis und versprach, bis zum Abend wieder Strom fließen zu lassen. Wenn ich dem System nur meine Kreditkarten-Nummer anvertraue. Kaum hatte ich aufgelegt, sagte Sergej: „Hey, Berlin, reg dich nicht auf. Beruhige dich. Es ist doch nur der Strom."

Natürlich ging die Klimaanlage am Abend immer noch nicht. Ich machte kein Auge zu, im Gegensatz zu Orí, der mir mit seinen 37 Grad plus gar nicht nah genug sein konnte. Meine Rachepläne an Alón reiften mit jeder Stunde zu einer süßen Frucht. In den frühen Morgenstunden musste ich dann doch irgendwann eingeschlafen sein, denn ich erwachte um kurz nach sechs, als plötzlich alle Lichter in der Wohnung leuchteten. Im Wohnzimmer hörte ich das Rauschen der Klimaanlage.

Alón kam am *Sabbat* nach Hause, ich hörte seinen Schlüssel mitten in der Nacht. Als ich von meiner Matratze gekrochen war, stand er im Halbdunkeln vor dem Kühlschrank, mit einer Wasserflasche in der Hand.

Er drehte sich um, ich sah die tiefen Ränder unter seinen Augen und beschloss, die Stromrechnung vorerst für mich zu behalten. Es war seine erste Reserveübung nach dem Krieg gewesen. Ich erinnerte mich an jenen Sommer 2006, an die Bilder im Fernsehen, die Flüchtlinge aus dem Libanon und die Bomben auf Haifa. Bis dahin hatte ich nur alte Männer gekannt, die vor Jahrzehnten in einem irgendeinem Krieg gewesen waren. „Wie war es?", fragte ich. „Lieber wir gehen schlafen", sagte er nur und war auch schon im Badezimmer verschwunden.

Am nächsten Morgen schlug Alón vor, das kleine Zimmer aufzuräumen, in dem bislang Umzugskisten, Wäscheständer und Aktenordner ihren Platz gefunden hatten. „Eigentlich wir können eine Matratze legen", sagte er. „Warum nicht." Dabei vermittelte er nicht den Eindruck, als hätte er es wahnsinnig eilig, mich bei meiner weiteren Herbergssuche zu unterstützen. Dafür verlief unser kleines Familienglück schlichtweg zu harmonisch. Eine klassische win-win-Situation, win-win-win, schließlich schien auch Orí ganz glücklich dabei. Und das Beste. Das Ganze verlief ohne schwerwiegende Entscheidungen. Irgendwie saßen wir einfach gemeinsam an einem Küchentisch.

Bis wir das Zimmer ausgeräumt hatten, dauerte es eine Ewigkeit. Alón hatte offenbar schon seit Jahren nichts mehr weggeworfen. Sein ganzes Leben schleppte er mit sich herum. Fein säuberlich in Kisten verstaut. Mit gelben Zettel darauf. Ich fand Stadtpläne von Berlin, auf denen der

Potsdamer Platz noch Niemandsland war. Schiffsbillets zur Pfauen-Insel. Einen Brocken Mauer. Ein Stückchen silberblauen Stoff, ein bisschen Christo in Berlin. Eine Postkarte von der Oberbaumbrücke, die ich ihm vor zehn Jahren nach Tel Aviv geschickt hatte. Ich hatte mich schon häufig gefragt, was das Sammelverhalten über einen Menschen aussagte. Alón nahm von überall eine Erinnerung mit. Er wich nicht von der Stelle, bevor er nicht eine passende gefunden hatte, es musste eine schöne Erinnerung sein. So als hätte er damit sein Leben in trockenen Tüchern. Zumindest die Vergangenheit. Was die Zukunft anbelangte, so begnügte er sich einstweilen damit, Argumente zu sammeln. Gute Gründe. Schlechte Gründe. Vernünftige Gründe. Keine Gründe. Ganz so, als warte er auf irgendetwas. Oder irgendjemanden. Und dieser Irgendjemand würde eines Tages sagen: „Oh, Sie haben da aber ganz außergewöhnlich schöne Gründe." Und dann würde dieser Irgendjemand die Sammlung für furchtbar viel Geld kaufen, Alón wäre den ganzen Krempel los und könnte sich fortan dem Rest seines Lebens widmen.

„Auf dem Flohmarkt ... bei *Palestine* ... du kannst schöne Sachen finden", hatte Alón mir geraten, als ich meine Habseligkeiten endlich aus der Reisetasche befreit hatte. Also war ich mit dem 25er nach Yafo gefahren. Trotz aller Bedenken und Versprechen war die Busfahrt inzwischen zu einer täglichen Routine geworden. Ich dachte kaum noch darüber nach. So schnell ging das. Bislang war ja auch alles gut gegangen. Bedauerlicherweise beschränkten sich die Händler auch in Yafo darauf, ihre Schilder in hebräischen Buchstaben zu schreiben, und so fand ich mich mitten auf dem Flohmarkt wieder, versuchte, die Zeichen zu entziffern, *P-a-l-e-s-t-i-n-e*, von rechts nach links, und mich darauf zu besinnen, beim Lesen nicht die Zunge zur Hilfe zu nehmen.

„*Eifo Palestine?*... Wo ist Palästina?", fragte ich schließlich eine Frau auf der Straße. Sie war ungefähr in meinem Alter, und trug einen kleinen Strohhut auf dem Kopf, unter dem feuerrote Locken hervorlugten, in der Hand hielt sie eine Stehlampe. Sie sah mich abenteuerlustig an. „Hmmm, vielleicht 25 Kilometer von hier“, sagte sie und zeigte nach Osten, in Richtung Westjordanland. Ich stutzte einen Moment und erwiderte ihren Blick. Sie lachte. „*Rega* … warte, ich bringe dich“, sagte sie.

Tatsächlich lag *Palestine* nur wenige Schritte entfernt. Der Händler saß vor der Türe, in einem alten Sessel und trank sehr schwarzen Kaffee aus einem sehr kleinen Glas. Sie sagte ihm, dass ich eine gute Freundin von ihr sei und er mir einen guten Preis machen solle. Dann lud sie mich ein, später im Café Noa vorbeizukommen. „Dort frag’ nach mir“, sagte sie und war auch schon verschwunden.

Das Café Noa lag in einer Seitenstraße des Flohmarktes. Der Laden war komplett mit alten Möbeln und bunten Tischtüchern eingerichtet. Noas Geschäftsmodell war es, dass man mit ihr über alles verhandeln konnte, was dazu führte, dass immer wieder Gäste mit Stühlen, Tischen und Vasen das Café verließen. Sich das Interieur ständig veränderte.

Als ich reinkam, sah Noa mich sofort. „Hat er dir einen guten Preis gemacht?“, fragte sie und stellte ein Kännchen Tee vor mir auf den Tisch. Ich nickte und rollte das Poster aus, das ich an meine Zimmertür hängen wollte. Es stammte aus den Zwanzigerjahren und warb für die zionistische Idee. Es zeigte den See Genezareth, hinter Palmen und Mandelbäumen, auf dem Wasser glitt verträumt ein Segelboot. Unter dem Bild stand geschrieben: „Welcome home“. Darunter etwas kleiner: „*Kibbuz Deganya*. First home in the homeland.“

„Warst du schon mal in einem *Kibbuz*?“, fragte Noa. Ich schüttelte den Kopf, und sie erzählte mir, dass sie in Yad

Mordechai aufgewachsen sei. Der *Kibbuz* war nach Mordechaj Anielewicz benannt, dem Anführer des Aufstandes im Warschauer Ghetto. Der Ort lag ganz im Süden des Landes, was so viel hieß wie: gleich über dem Gaza-Streifen. „Du kannst gerne mal mitkommen", sagte Noa. „Mmmhh", murmelte ich und dachte daran, dass ich meiner Mutter gerade so etwas wie versprochen hatte, nicht mit dem Bus zu fahren. „Vielleicht später mal."

Dann kam *Rosh Hashana*. Wörtlich übersetzt bedeutete *Rosh Hashana* Kopf des Jahres, es handelte sich also auf gut deutsch um das jüdische Neujahrsfest. An diesem, meinem ersten neuen Jahr, saß ich allein zu Hause. Orí war bei seiner Mutter, Alón bei seinen Eltern, und keiner war so richtig auf die Idee gekommen, mich zu fragen, wo ich eigentlich war.

Also machte ich, was ich in solchen Momenten immer machte, ich ging ans Meer. Tel Aviv erschien mir gespenstisch an diesem Abend. Ruhe war ich hier nicht gewohnt. Den einzigen Menschen, den ich in der hereinbrechenden Dunkelheit sah, war ein junger Mann, der mit einem riesigen Wäschesack an einer großen Kreuzung stand. Es dauerte nicht lange. Ein Auto hielt an. Dann war auch er verschwunden.

Ich tröstete mich mit dem Gedanken, dass in Deutschland ein ganz normaler Mittwoch war, von der Bedeutungsschwere eines Jahreswechsels fehlte dort jede Spur. Zu Hause dachte gerade niemand daran, Bilanzen zu ziehen, die schwarzen Zahlen mit den roten abzugleichen. Mal abgesehen davon, war mein israelisches Jahr für eine solche Abrechnung viel zu kurz. Ich lief den leeren Strand entlang und versuchte mich selbst davon zu überzeugen, dass es sich bei diesem Feiertag lediglich um ein Ritual handelte. Ein Ritual wie so viele andere, von Menschen festgelegt, das obendrein für mich keinerlei Bedeutung hatte, mich also auch nicht in die emotionale Tiefe reißen konnte. So weit kam es noch. Und doch. So weit kam es fast. Ich war schon immer anfällig für Festtagsstimmung gewesen.

Liora hatte uns im *Ulpan* beigebracht, dass es einige Bräuche gab, um das neue Jahr willkommen zu heißen:

... man tunkte Äpfel in Honig, damit es ein süßes Jahr werde.

... man servierte den Kopf eines Fisches, damit man der Kopf sei und nicht der Schwanz.

... man aß die Kerne eines Granatapfels, damit man zu mehreren sei und nicht allein.

Ich hatte mich darauf beschränkt, fürs Abendessen einen Granatapfel zu kaufen, das erschien mir erst einmal am notwendigsten. Außerdem hatte ich eine Flasche israelischen Rotweins besorgt.

Am Morgen danach war ich nicht sonderlich gesprächig, als ich Alón in der Küche traf, was sicherlich auch daran lag, dass mein Körper mit den vollmundigen 14 Prozent des Vorabends beschäftigt war. Ich machte mir eine große Tasse Kaffee und verzog mich zurück auf meine Matratze. Am Nachmittag fand ich einen von Alóns gelben Zetteln an meiner Tür. „*Metuka*, wir essen heute Abend?“

Ich hatte keine Ahnung, was es mit „*metuka*“ auf sich hatte, ob ich mich darüber ärgern sollte oder freuen, bei Alón wusste man nie, und ich googelte das Wort. Kaum hatte ich „*metuka*“ eingegeben, erschien auf meinem Bildschirm eine rosarote Internetseite, die mir Sahnetorten, Cremeschnittchen und Trüffelpralinen zeigte.

Alón schien ein wirklich schlechtes Gewissen zu haben, jedenfalls stand er am Abend schon seit Stunden in der Küche. Mit den Vaterpflichten war in ihm offenbar auch eine neue Leidenschaft entflammt. Wenn er schon kochen musste, dann konnte er es auch gleich richtig machen. Als ich aus meinem Zimmer kam, hatte er den Tisch feierlich gedeckt, Kerzen brannten und ich machte in der Türe kehrt, um mich noch einmal umzuziehen. Später erklärte er mir einigermaßen umständlich, dass es ihm leid täte, mich gestern Abend einfach so sitzen gelassen zu haben, aber er hätte zu Hause nicht gleich mit einer neuen Frau auftauchen wollen. Schließlich war er gerade mal ein Jahr geschieden.

„Du weißt doch, wie polnische Mutter sind", sagte er. Ich hatte keine Ahnung, wie polnische Mütter waren. „Aber eigentlich, es war ein Glück für dich, dass du nicht dort warst", sagte er. Offenbar hatte es mal wieder Tränen, Schmerz und Wehklage wegen der Scheidung gegeben. „Seitdem sie glaubt, es ist das Ende der Welt."

„Und für dich?", fragte ich. „Ist es das Ende der Welt?" Alón wiederholte noch einmal die vielen guten Gründe, die zu seiner Trennung geführt hatten. Ich kannte sie in- und auswendig. Inzwischen aber hatte Alón eine neue Liste eröffnet. Auf dieser wiederum fanden sich alle Attribute, die eine Frau mitbringen sollte, um ihn glücklich zu machen. Mir wurde schwindelig. „Eigentlich sie könnte einfach sein wie du", sagte er galant, als er spürte, dass meine Aufmerksamkeit schwand, und sah mir tief in die Augen. Einen Hauch zu theatralisch vielleicht.

„Ach, Alón …", sagte ich nur. „Außerdem hast du meine Frage noch nicht beantwortet." – „Welche Frage?" – „Die Frage nach dem Ende der Welt. Oder ganz einfach: Wie geht es dir?"

Alóns Antwort war ein Witz. Und der ging ungefähr so: Stürzt sich ein Mann aus dem 36. Stockwerk. Als er am 25. Stockwerk vorbeisegelt, fragt ihn jemand: „Und wie fühlen Sie sich?", worauf der Mann antwortet: „Viel besser als ich gedacht habe."

Ich wusste ziemlich genau, wovon er sprach.

Oktober

Dritter Monat, in dem ich mich fürs Scrabbeln begeistere und mich frage, was Woody dazu sagen würde.

Von der Ben Yehuda solle ich in die Gordon abbiegen und dann bei Nummer fünf klingeln, es sei das dritte Haus auf der linken Seite, hatte Charlotte Strohbach gesagt. Ich hatte den Zettel im Goethe-Institut gefunden, an der Wand über dem Kopierer, „Ältere Dame (99) sucht Gesellschafterin“, darunter ihre Nummer. Am Telefon fragte sie mich, ob sie mich beim Vornamen nennen dürfe, und als ich bejahte, siezte sie mich weiter, fortan hörte ich im Hause Strohbach auf meinen Vornamen und „Sie“. Ich solle doch am Donnerstagnachmittag mal zum Kaffee vorbeikommen, „dann können wir uns ein wenig beschnuppern“, sagte sie, und ich stellte mir vor, wie die alte Dame ihre Nase in meine Haut senken würde, um eine Geruchsprobe zu nehmen.

Mal ganz abgesehen davon, dass ich das Geld dringend brauchte, war die 99 für mich wie ein Versprechen. 99, das war fast drei Mal mein Leben, als ich geboren wurde, war sie schon über sechzig. Als sie geboren wurde, regierte in Deutschland Kaiser Wilhelm II., und Adolf Hitler war ein Bohèmien, der nicht malen konnte.

Ich war viel zu früh von zu Hause losgegangen und einen Umweg gelaufen, immer am Meer entlang, um die Zeit hinter mich zu bringen. Mit klopfenden Herzen bog ich schließlich um kurz vor vier von der Ben Yehuda in die

Gordon. Auf mein Klingeln hörte ich ein langes Rascheln im Flur. Dann öffnete sich die Tür.

„Sie müssen die junge Dame sein", sagte Charlotte Strohbach und sah mich aus klaren, blauen Augen an. „Ich habe schon auf Sie gewartet."

Sie trug ein hauchdünnes Netz über ihren weißen Haaren, ein blaues Kleid und rosa Lippenstift. Noch bevor ich etwas sagen konnte, nahm sie mich an ihre Hand und machte sich auf den Weg ins Wohnzimmer, zog mich wie ein Lotse durch den engen Flur. Ihr Rücken war leicht gebeugt, der Kopf nach vorne geschoben, ein Schritt folgte dem nächsten, und mir schien es, als könnte die Zeit jede Sekunde stehen bleiben.

Auf dem niedrigen Tisch vor dem Sofa standen drei Kaffeetassen bereit, ein Geschirr mit zarten Rosen, auf den Kuchentellern lagen hauchdünne Papierservietten.

„So, da wären wir", sagte sie, ohne meine Hand los zu lassen.

Sie lebte seit siebzig Jahren in dieser Wohnung, diesem Zimmer, beinahe ihr ganzes israelisches Leben. Im Laufe der Jahre schien alles an seinen Platz gerückt, die beigefarbene Couch und der Tisch davor, auf schwerem Teppich, in drei Metern Abstand der Ventilator, daneben ein alter Plattenspieler. Auf dem Bücherregal, das bis unter die Decke reichte, sah ich hebräische, französische und deutsche Titel.

Während ich versuchte, sie endlich zum Sitzen zu bewegen, zeigte mir Charlotte Strohbach ihr rechtes Ohr, den kleinen Plastikknopf darin, und riet mir, laut zu sprechen. „Ich höre nicht mehr ganz so gut", sagte sie, aber dafür könne sie von meinen Lippen lesen. „Sie müssen nur deutlich genug sprechen."

Dazu sei allerdings gesagt, dass ihre Augen nicht viel besser waren als ihre Ohren. Nicht ohne Grund lag auf den Israel-Nachrichten, aus denen ich ihr später vorlesen sollte, eine riesige Lupe, die jede einzelne Zeile wie eine Überschrift aus der BILD-Zeitung aussehen ließ.

Vorsichtig sah ich mich in der Kulisse ihres Lebens um und entdeckte an der Wand über dem Sofa ein kleines, gerahmtes Foto in schwarz und weiß. Sechs Menschen mittleren Alters waren darauf zu sehen, sie saßen an einer Kaffeetafel, auf einer überdachten Veranda. Ganz vorne am Tisch saß eine Frau, die Charlotte Strohbach sehr ähnlich sah. Ich hätte gerne einen Schritt auf das Foto zu gemacht. Die Frauen trugen ihre Haare streng nach hinten und weiße Kleider, die bis oben hin zugeknöpft waren, die Männer dunkle Anzüge. Sie alle blickten feierlich in die Kamera.

„Und, was führt sie nach Israel?“, fragte Charlotte Strohbach und setzte sich endlich in ihren Stuhl. Bevor ich antworten konnte, hörte ich einen Schlüssel in der Wohnungstür und eine junge Filipina stand vor uns. Sie legte der alten Dame die Hand auf die Schulter und lächelte freundlich in meine Richtung.

„Das ist Mayumi“, sagte die alte Dame und Mayumi verschwand in der Küche. Charlotte Strohbach rief ihr durch den Flur nach, dass sie die Apfeltaschen doch bitte warm machen möge. Nur um gleich darauf ihre rechte Hand in die Luft zu schlagen. *Ach, es hat keinen Sinn.*

Es hatte keinen Sinn, weil Mayumi kein Deutsch verstand. Charlotte Strohbach hingegen sprach nur noch Deutsch. Als sie in den Dreißigerjahren von Karlsruhe nach Palästina gekommen war, hatte sie im *Ulpan* zwar Hebräisch gelernt und die Sprache am Ende fließend gesprochen. „Doch dann kam diese Krankheit“, sagte sie und kramte in ihrem Gedächtnis nach dem Namen dieser Krankheit, die ein Schlaganfall gewesen war. Seitdem waren ihr nur die Muttersprache und einige, sehr wenige Brocken Hebräisch geblieben. „Ivrit weg. Englisch weg. Französisch weg“, sagte sie im Stakkato. „Alles ausgelöscht. Schlimm ist das.“

Mayumi kam zurück ins Wohnzimmer und stellte eine Kuchenplatte mit heißen Apfeltaschen auf den Tisch. Sie zeigte mir zwei Finger ihrer Hand und rührte entsprechend viele Löffel Zucker in den Tee der alten Dame, als mein Telefon klingelte. Was mir einigermaßen unangenehm war, immerhin war das hier ein Vorstellungsgespräch, auf dem Display aber las ich „Papa Büro" und ich entschuldigte mich umständlich dafür, dass ich trotzdem abnahm.

„Fröhlich hier", sagte Fräulein Fröhlich und kam auch schon zur Sache. „Sag mal, hast du dort ein Faxgerät? Dein Vater möchte dir etwas schicken." Im Laufe ihrer langjährigen Zusammenarbeit hatte Fräulein Fröhlich ein feines Gespür dafür entwickelt, wer in der Gunst meines Vaters gerade wo stand. Entsprechend pflegte sie ihre Umgangsform zu gestalten. „Er lässt dich grüßen", schob sie lieblos hinterher. Ich diktierte ihr meine postalische Adresse.

Charlotte Strohbach beobachtete mich aufmerksam. „Mein Vater", sagte ich entschuldigend, schaltete mein Telefon aus und ließ es in meiner Handtasche verschwinden. „Was macht denn Ihr Vater?", fragte sie. „Er ist Rechtsanwalt." – „Sehr schön", sagte sie zufrieden. „Und Sie, was machen Sie?" – „Ich bin Rechtsanwältin." – „Verstehe", sagte die alte Dame, als würde sich hier eins zum anderen fügen. „Dann ist Ihr Vater sicher sehr stolz auf sie." Ich behielt meine Zweifel für mich.

„Nun aber zurück zu uns", sagte sie und setzte unser Bewerbungsgespräch fort. „Ich will immer wissen, was in der Welt los ist." – „Natürlich." – „Meine Gymnastik muss ich einmal am Tag machen", sagte sie und zeigte auf das breiten Gummiband, das sie neben der Zeitung auf dem Tisch bereit gelegt hatte. „Kein Problem." – „Und ich gehe gerne ein bisschen an die frische Luft", sagte sie schließlich und fügte mit einem kurzen Blick auf Mayumi hinzu. „Ich bin nämlich noch ganz gut zu Fuß."

Als auch das gesagt war, nahm Charlotte Strohbach einen tiefen Schluck aus ihrer Teetasse und widmete sich ganz der Apfeltasche auf ihrem Teller. Mayumi erzählte mir, dass sie schon seit vier Jahren bei der alten Dame arbeitete und lächelte mir aufmunternd zu. Zu Hause hatte sie eine kleine Tochter, die bei den Großeltern lebte. *„Yafé, yafé* ... schön, schön", sagte sie, als ihre Gedanken an das Kind plötzlich abbrachen. So als habe sie etwas Wichtiges vergessen, stand sie auf, ging zum Wohnzimmerschrank und zog einen grünen Karton heraus. Er war an allen Ecken eingerissen und wurde im Wesentlichen von zwei rosafarbenen Gummibändern zusammengehalten. Mayumi sah mich fragend an.

Ich nahm die Schachtel in meine Hände und entnahm einer kleinen Notiz auf dem Deckel, dass das Spiel aus dem Jahr drei vor meiner Geburt stammte. „Ah, Scrabble", sagte ich. Das war das Stichwort.

Charlotte Strohbach krabbelte aus ihrer Versenkung hervor und kehrte zurück zu uns an den Kaffeetisch. Erst näherte sich ihr Oberkörper, bis er über der Zuckerdose schwebte, dann schob sie ihren Kopf noch ein Stück weiter nach vorne, fixierte meine Lippen, um die Antwort nicht zu verpassen. Ich musste an eine sehr alte, sehr freundliche Schildkröte denken. Ihr Gesicht ganz nah vor meinem, fragte sie schließlich: „Spielen Sie Scrabble?"

Kein Mensch hätte diesem Blick widerstehen können. Ich bewegte meinen Mund so deutlich, dass ich meine Kieferknochen knacken hörte: „Sehr gerne sogar." Charlotte Strohbach verstand offenbar sofort, jedenfalls sah sie mir direkt ins Gesicht und sagte: „Wir müssen die Konditionen klären."

Im *Ulpan* ging es nach ersten Erfolgserlebnisse nur noch schleppend voran. Obwohl ich inzwischen alle Buchstaben malen konnte, beschlich mich immer wieder das Gefühl, kein Wort zu verstehen. Es war ein berechtigtes Gefühl. In den ersten Wochen, als mein Ehrgeiz noch größer gewesen war, hatte ich Leute auf der Straße angesprochen, sie nach dem Weg gefragt oder nach der Uhrzeit, um meinen Wortschatz zu üben. Die meisten von ihnen waren ausgesprochen hilfsbereit, wechselten sogleich ins Englische und erklärten mir ausführlich den Weg wohin-auch-immer.

Was es nicht unbedingt besser machte, war die Tatsache, dass meine Klassenkameraden offenbar schneller vorankamen als ich, und das obendrein mit weniger Aufwand. Dabei hatte ich mir immer eingebildet, ein gewisses Talent für Sprachen zu haben, und so war es wohl an der Zeit, der Wahrheit schonungslos ins Gesicht zu sehen. Ihre Lernkurve war einfacher steiler. Und ich wurde langsam alt.

Eines Morgens stand ich mit Ryan mal wieder vor der Tafel in unserem Klassenraum. Liora, unsere Lehrerin, hielt allen Schwierigkeiten zum Trotz an ihrer Mission fest, uns auf das Leben in Israel vorzubereiten, und ihre stärkste Waffe war das Rollenspiel. Sie setzte dabei auf die motivationsbildenden Faktoren Teamgeist, Erfolgsdruck und Schamgefühl – was in die Praxis übersetzt hieß, dass wir unsere kleinen Dialoge vor versammelter Klasse aufsagen mussten. An jenem Morgen nun machte uns Liora die Vorgabe, ein Zimmer im Studentenwohnheim zu organisieren. Ich war die PAKIDA, also die Sekretärin, und Ryan war EDUARDO, ein neuer Einwanderer aus Chile. Ryan verließ den Klassenraum und kurz darauf betritt EDUARDO das Büro des Studentenwohnheims.

PAKIDA: *Ken, bewakascha* ... ja, bitte.

EDUARDO: *Shalom, ani talmid chadasch. Yesh chéder?* ... Hallo, ich bin ein neuer Schüler. Gibt es ein Zimmer?

PAKIDA: *Ken. Yesh chéder.* ... Ja. Es gibt ein Zimmer.

EDUARDO: *Sababa! Ani rotse chéder beschvili vehachavera sheli* ... Super! Ich möchte ein Zimmer für mich und meine Freundin.

Pakida: *lo, lo … i-efschar … ayn chéder beyachad be …* nein, nein … das ist unmöglich … es gibt kein gemeinsames Zimmer im …

… an dieser Stelle kommt der Pakida das Wort für Studentenwohnheim abhanden.

Eduardo sieht die Pakida irritiert an. Dann beugte sich Ryan zu mir nach vorne und flüsterte mir, so unauffällig es ihm möglich war, ins Ohr: *„Hameonot."*

Von da an wusste ich nur noch, dass ich die Klasse lachen hörte und auf Ryans Lieblings-T-Shirt starrte. Es war froschgrün, darauf gedruckt das verzweifelte Gesicht von Woody Allen und darunter der Spruch: „What would Woody say?"

Eine verdammt gute Frage. Plötzlich kam ich mir vor wie in einer seiner Filmszenen, das Drehbuch noch nicht abgeschlossen, ein Happy End nicht in Sicht. Vor drei Monaten hatte ich eine schwarze Robe getragen, vor Gericht gestanden und Mandanten zum Lunch getroffen. Man hatte mir zugehört, mich ernst genommen und viel Geld dafür gezahlt, dass ich meine Worte zu setzen wusste. Jetzt zahlte ich viel Geld dafür, dass ich stotterte wie ein Analphabet. Und wozu? Was sollte ich später, zu Hause, mit diesen ganzen neuen Buchstaben anfangen? Sie brachten mir schon in Israel gerade mal sieben Millionen potentielle Gesprächspartner, von denen ein Siebtel sowieso besser russisch konnte, zwei Siebtel mir gestohlen bleiben sollten und mindestens vier Siebtel lieber Englisch sprachen. Abgesehen davon würde mich die zusätzliche Zeile in meinem Lebenslauf um keinen Zentimeter weiterbringen, zumal mir „hebräische Grundkenntnisse" noch reichlich übertrieben schienen. Da konnte ich unter „Berufserfahrung" doch besser eintragen, dass ich ein Jahr Scrabble gespielt hatte. Ich starrte weiter auf das froschgrüne T-Shirt und war mir plötzlich sicher, dass mir von nun an die Worte abhanden kommen würden, wenn ich sie am nötigsten brauchte, ich würde vor Gericht stehen, man würde über meine Zukunft verhandeln, und niemand würde mir zuhören. In meinem Kopf verschwammen §§§ mit *Alef, Bet, Gimel.* Meine schwarze Robe bekam ein tiefes Dekolleté, Fräulein Fröhlich hörte mich hebräische Vokabeln ab, und Ryan fragte im Hintergrund, ob alles in Ordnung sei. Ich dachte an Mia Farrow und dass es sich ungefähr so anfühlen musste, sie zu sein, in einem ihrer dunkelsten Momente.

„Hameonot", wiederholte Ryan, dieses Mal ein bisschen lauter, und sah mich fragend an. Kaum erwiderte ich seinen Blick, meldete sich EDUARDO zu Wort: *Ma pit'om? Yesh chéder o ayin chéder?* ... Was auf einmal? Gibt es ein Zimmer oder gibt es kein Zimmer?

PAKIDA: *Ayn chéder. Ayn ma la'aßot. Shalom.* ... Es gibt kein Zimmer. Man kann nichts machen. Auf Wiedersehen.

Damit waren wir erst mal raus aus der Sache.

Als Alón am Abend nach Hause kam, brachte er Post für mich. Ich erkannte die wohl geformten Lettern auf dem Umschlag sofort: Der Brief kam aus der Kanzlei meines Vaters. Eine Stellenanzeige aus der Neuen Juristischen Wochenschrift, dazu ein Post-it mit der Schrift von Fräulein Fröhlich: „M.d.B.u.R." Eine Berliner Großkanzlei suchte eine/n neue/n Mitarbeiter/in.

Ich schmiss den Brief wütend auf den Küchentisch.

„Das ist ein gutes Büro, oder nicht?", sagte Alón und sah sich die Anzeige genauer an. „Und in Berlin. Ich möchte dort sofort arbeiten." – „Dann bewirb dich doch", sagte ich kurz angebunden. „Aber. Warum regst du dich auf?" – „Sag mal? Ich habe doch nicht gekündigt, um drei Monate später wieder von vorne anzufangen. Anstatt mich zu fragen, wie es mir hier so geht, fällt ihm nichts besseres ein als mir diese beschissene Anzeige zu schicken." – „Es ist doch nur nett." – „Was soll daran nett sein? Ihm geht es doch nur darum, seinen verlorenen Sohn wieder einzusammeln. Oder das verlorene Schaf, ganz wie du willst." – „Komm, vielleicht, man kann es verstehen. Du hattest eine gute Job. Eine sehr gute, sogar. Du hast gut verdient. Du solltest Partnerin werden", zählte er die Pros meines Ex-Jobs auf. Kein Wort zu den Cons. „Und dann du schmeißt alles hin. Wenn ich das machen möchte, ich will nicht sehen, meine Mutter ..." – „Als hätte ich einfach so hingeschmissen. Das weißt du genau. Tausendmal haben wir darüber gesprochen." – „Das kannst du deine Vater sagen, nicht für mich. Für ihn das ist eigentlich schwer zu kopieren ..." – „Kapieren ..." – „O.K., kapieren. Er hat für sein Leben in dieses Büro gearbeitet", sagte Alón ungeduldig. „Was erwartest du?"

Ich hatte keine Ahnung, was ich erwartete. Jedenfalls keine Stellenanzeige. Vielleicht ein bisschen Interesse. Respekt vor meiner Entscheidung. Akzeptanz. Oder noch besser: Er brauchte einfach nur in die Hände klatschen, „bravo, bravo" zu rufen, und mir bestätigen, dass ich alles richtig gemacht habe. Mit Unterschrift und Siegel, notariell beglaubigt: „Du hast alles richtig gemacht." Und wo er schon mal dabei war, konnte er die Urkunde ruhig persönlich zustellen.

„Dann schmeiß sie doch einfach weg", sagte Alón schließlich und wedelte mit der Stellenanzeige über dem Küchenmüll.

Als wenn es so einfach wäre. Das wusste er genau.

Dann schlug auch noch das Wetter um und raubte mir den Schlaf. Ich wartete die ganze Nacht auf den frühen Morgen und als endlich das erste Licht durch die Blendläden fiel, schlich ich mich aus der Wohnung. Es lagen schwere Wolken in der Luft, abgesehen davon aber war die Stadt ruhig, die Katzen schliefen auf den Motorhauben der parkenden Autos, und selbst die Kioske hatten ihre Rollläden noch nicht hochgeschoben. Ich lief durch die Straßen, immer weiter in Richtung Westen, bis ich meine nackten Füße im

Sand spürte. Das Meer war stürmisch an diesem Morgen, und am Strand war ich alleine, oder so gut wie, nur ein paar Surfer saßen in ihren schwarzen Gummihäuten vor den Wellen und warteten, worauf, ich hatte keine Ahnung. Am Horizont lag Yafo wie eine kleine Festung.

Ich lief am Wasser entlang, bis ich die Zeit vergessen hatte und es nicht mehr weiter ging. Im alten Hafen von Yafo lagen die Boote der Fischer, die das Festland an diesem Morgen nicht verlassen hatten, es roch nach Salz und Fisch. Erst als ich die Treppen der Altstadt hinaufstieg, legte sich der Wind langsam, wurde zurückgehalten von den jahrhundertealten Mauern. Oben angekommen steuerte ich in Richtung Flohmarkt und stand kurz darauf vor dem Café Noa.

Noa war gerade dabei, vor der Türe ein paar Stühle abzuschmirgeln. *„Hey, gibora, ma nishma?* ... Hey, Heldin, wie geht es Dir?", fragte sie. „Ach, *kacha-kacha* ... so lala." – *„Kacha-kacha? Ma kará* ... was ist passiert?"

Ich hatte nicht geahnt, wie nah ich den Tränen war, und jetzt meine liebe Not, sie für mich zu behalten. Gebannt starrte ich auf den Boden vor uns und zuckte mit den Schultern. Vielleicht ging mir einfach die Puste aus. Ich hatte das Gefühl, als würde ich seit Wochen hinaus in das offene Meer schwimmen, immer weiter, ganz alleine, und plötzlich kam diese riesige Welle, die mich mit voller Wucht zurück an Land warf.

„Setz dich erst mal", sagte Noa und zog mich auch schon an die Bar zu ihrer Espressomaschine. Dann fragte sie mich, wie *Rosh Hashana* gewesen sei, ob das Poster schon an meiner Türe hänge und welche Pläne ich für *Sukkot* habe. *„Sukkot?"*, fragte ich. – „Hast du davon nicht gehört?"

In Israel galt offenbar: Nach den Feiertagen ist vor den Feiertagen. *Sukkot* jedenfalls war das Laubhüttenfest, das an die Wüstenwanderung aus Ägypten erinnerte. Alón hatte dieses Ereignis mit keinem Wort erwähnt, insofern konnte ich es mir dieses Mal wohl sparen, auf ihn zu hoffen.

„Hast du schon was vor?", fragte Noa. Ich schüttelte den Kopf. „Dann komm doch mit nach YadMo." Ehe ich mich versah, hatte ich auch schon zugesagt.

„Sehr schön", sagte sie, als mir langsam klar wurde, worauf ich mich da gerade eingelassen hatte. Auf der Landkarte in unserem Klassenraum hatte ich mir das einmal genauer angesehen. Yad Mordechai lag keine siebzig Kilometer von Tel Aviv entfernt und gerade mal einen Fingerbreit über dem Gaza-Streifen, gleich neben Sderot, das für fallende Qassam-Raketen bekannt geworden war.

Noa blieb allerdings keine Zeit für meine Zweifel. In diesem Augenblick betrat ein kräftiger Mann mit einem Motorradhelm unter dem Arm das Café. Er nahm Noa zur Begrüßung mit seiner ganzen Körperkraft in den Arm und wurde mir als Bo'az vorgestellt. Ihr Taekwondo-Lehrer.

„Dann hole ich dich *iom chameshi*, um neun Uhr ab", sagte Noa. „Also Freitag?, versicherte ich mich vorsichtshalber. „Freitag ... nein, *rega* ... warte, *iom chameshi* ist Donnerstag, *nachon* ... richtig?"

Zugegeben, das mit den Wochentagen hatte ich immer noch nicht auf der Reihe. Die israelische Zeit tickte einfach anders. *Iom rishon* war der erste Tag, an dem Gott sprach: „Es werde Licht." Von da an ging es weiter mit Himmel und Meer, Sonne und Mond, Fischen und Vögeln – *iom sheni* ... der zweite, *iom shlishi* ... der dritte, *iom revi'i* ... der vierte, *iom chameshi* ... der fünfte Tag bis hin zu *iom shishi* ... dem sechsten Tag, an dem Gott sah, dass alles gut war. Darauf folgte der *Sabbat* als krönender Abschluss. Der *Sabbat* allerdings, also der siebte Tag, an dem Gott ruhte, fiel auf unseren Samstag. Was wiederum dazu führte, dass die israelische Woche sonntags begann, wenn in Deutschland noch alle im Bett lagen. Der deutsche Montag war also so etwas wie der israelische Dienstag. Dienstag war Mittwoch, und so ging es weiter, die ganze Woche, und spätestens am Mittwoch, also am Donnerstag, hatte ich den Überblick verloren.

Noa und ich verabredeten uns schließlich in fünf Tagen um die gleiche Zeit.

Pünktlich zu *Sukkot* war der späte Sommer zurück. Es war ein ruhiger Morgen, die Straßen noch leer, als ich Noa in ihrem weißen Jeep über die Ibn Gabirol kommen sah. Auf dem Beifahrersitz stand ein schwerer Werkzeugkasten, und ich versuchte, mir einen Platz zu verschaffen. Noa lächelte aufmunternd, drückte mir einen Kuss auf die Wange, ohne dabei ihr Telefon vom Ohr zu nehmen, und als sie schließlich aufgelegt hatte, sagte sie erklärend: „Bo'az."

Wir fuhren auf der Autobahn in Richtung Süden. Der Lärm der Straße füllte den Wagen, er war hinten offen, und nach einer Weile entdeckte ich einen weißen Zeppelin, der einige Kilometer vor uns in der Luft schwebte.

„Was macht der denn da?", schrie ich gegen den Motor an. „Oohhh, das ist der Zeppelin", sagte sie, als hätte ich soviel nicht schon selbst gesehen. „Gibt einem nicht unbedingt ein gutes Gefühl ..."

Woraufhin sich dieses *nicht unbedingt gute Gefühl* unverzüglich bei mir einstellte. Der Zeppelin schwebte direkt über dem Gaza-Streifen. Mit ihm filmten die Israelis, was bei den Palästinensern am Boden vor sich ging. „Er gehört zum Leben in YadMo", sagte Noa und erzählte mir, dass die Kinder ihm bereits ein Lied gewidmet hatten. „*Ha-zep-pe-lin metz-a-lem, ha-zep-pe-lin metz-a-lem* ... der Zep-pe-lin fil-mt ... der Zep-pe-lin fil-mt ...", sangen sie, wenn sie aus dem Kindergarten auf die Straße kamen.

„Die Menschen da ticken einfach anders, kannst du dir das vorstellen, meine ganze Familie bleibt bei *tzéwa adom*[2]

---

[2] „tzewa adom" heißt wörtlich übersetzt „rote Farbe" und meint den über Lautsprecher verkündeten Raketenalarm.

vor dem Fernseher sitzen, so als würde sie das alles nichts angehen. Nur ich renne unter die dicke Betondecke in unserem Keller", rief Noa, löste ihre Hände vom Steuer und legte sie eng um ihren Kopf, um mir zu zeigen, wovon sie sprach. Bevor ich ins Lenkrad greifen konnte, waren ihre Hände zurück und ich beschloss, mir das mit der dicken Betondecke zu merken. „Sie denken, ich bin verrückt. Dabei ist es verrückt, dort ein normales Leben zu führen."

Ich ließ mich in den dröhnenden Lärm zurückfallen und sah die Straßenschilder, die an uns vorüberzogen. Ashdod, Ashkelon, Sderot. An dem glatten Himmel war keine einzige Wolke zu sehen. Nur der weiße Zeppelin. Wir kamen ihm immer näher.

„Hast du Angst?", rief ich Noa zu. „Nach YadMo zu fahren?" – „Ja." – „Nein ... glaube nicht. Selbst, wenn etwas passiert ... *ma la'aßot* ... was kann man machen? Meine Eltern leben dort, ich bin dort aufgewachsen". Ich wollte lieber erst gar nicht darüber nachdenken, wie es wäre, wenn mir dort etwas passieren würde. In Köln gab es keine Qassam-Raketen.

„Sollen wir umdrehen?", fragte Noa. Offensichtlich war es nicht allzu schwer, meine Gedanken zu lesen.

Ich dachte darüber nach, an der nächsten Ausfahrt kehrt zu machen, zurück nach Tel Aviv. Zurück in den Bubble der Unbeschwertheit. Ich konnte ins Museum gehen, ins Café, an den Strand. Es war immer noch früh genug. Oder weiter geradeaus, in Richtung Zeppelin. Jetzt war ich schon mal hier, in Israel, nicht in Tel Aviv. Noa war in dem *Kibbuz* groß geworden. Ich besann mich Alóns Wahrscheinlichkeitsrechnung und fragte mich, ob sie auch für Qassams galt. Schließlich beruhigte ich mich mit dem Gedanken, dass bislang alles gut gegangen war.

„Nein, nein", sagte ich.

Noa hatte mich nicht gehört. „*Ayn be'a'ya* ... kein Problem. Ich kann sofort umdrehen ...". Bevor sie auf die Idee kam, mitten auf der Autobahn das Lenkrad herumzureißen, rief ich noch einmal lauter: „Nein, nein ... ist schon O.K.", und hielt mich an dem Gedanken fest, dass ich am Abend froh sein würde, zu Hause auf meiner Matratze zu liegen.

Wir fanden Noas Familie inmitten eines großen Pampelmusenhains. Im Schatten der Bäume hatten sie zwei lange Tische aufgestellt, mit weißen Papiertüchern, auf denen Humus, Schokoladenkuchen und gegrillte Auberginen standen. Ehe ich mich versah, hatte ich einen Becher Rotwein in der Hand und Noa mehrere Kinder auf dem Schoß. Ihr Vater hatte am Rande des Geschehens eine Hängematte zwischen zwei Bäume aufgehängt und schlief.

Die Kinder stürmten Noas Körper wie eine Hüpfburg, und so war es nur eine Frage der Zeit, bis das rothaarige Mädchen mit ihrem Bein den Kaffee auf dem Tisch umstieß, sich auf dem weißen Papier eine große braune Pfütze bildete und der kleine Junge bei gleicher Gelegenheit beinahe auf die Erde fiel. Noa fing ihn mit einem Arm auf und zog ihn an sich.

„Ooaacch, ich könnte dich klauen ...", sagte sie und drückte ihre Nase in seine Sommersprossen. „Wie wäre es denn mal mit selber machen?", sagte Noas Bruder, der am Tisch gegenüber saß und unter seiner dunklen Sonnenbrille ein breites Grinsen zeigte. „Wüsste nicht, was dich das angeht", fauchte Noa über den Schokoladenkuchen zurück, und ich zog instinktiv den Kopf ein. Bei uns zu Hause hätte man spätestens jetzt mit Tieffliegern rechnen müssen.

Inzwischen spähte auch Noas Vater aus seiner Hängematte. Ich bat den Bruder um einen Becher Wasser, und die Kinder zerrten an Noa, an ihren Armen und Beinen, sie wollten ihr die Laubhütte zeigen. „*Yalla, gibora* ... auf geht's, Heldin", sagte sie zu mir und zog mich mit der Meute. Im Hintergrund hörte ich den Vater mit dem Sohn, warum er Noa nicht einmal in Ruhe lassen könne.

Die Laubhütte stand am Rande des Feldes. Das Dach

hatte noch einige undichte Stellen, und wir schlugen uns gemeinsam in die Büsche, um mehr Material heranzuschaffen. Ich sah Noa hinter den niedrigen Bäumen verschwinden, immer wieder auftauchen, mit ihrem olivgrünen Hut auf dem Kopf, einem Kind an der Hand, Ästen und Zweigen auf den Armen, bis das Dach schließlich dicht geschlossen war und wir uns erschöpft in die Wiese legten.

Ich musste eingeschlafen sein, denn als ich erwachte, blinzelte ich in das weiche Licht des späten Nachmittags. Noa war bei den anderen und beteiligte sich am großen Aufräumen. Die Hängematte hing schon nicht mehr zwischen den Bäumen, die Tupperdosen für unsere Kühlschränke waren randvoll, und schließlich hoben wir die Tische auf den Pick-Up des Vaters.

„Hey, Kleine, ich will doch nur dein Bestes", sagte der Bruder zum Abschied und legte die Hand auf Noas Schulter. Ebenso gut hätte er eine Heftzwecke an einen prall gefüllten Ballon halten können. Noa schlug seine Hand zur Seite. „Kümmere dich lieber um dein Leben, deine Kinder, die können dein Bestes besser gebrauchen", zischte sie mit gepresstem Atem und holte tief Luft, wobei sich auf ihren Stimmbändern eine Menge hässlicher Dinge zu sammeln drohten. Ein Blick des Vaters ließ sie widerwillig verstummen, und sie marschierte wortlos zu ihrem Jeep, knallte die Türe hinter sich zu. Ich hatte meine liebe Not, ihr hinterherzukommen.

Bis Ashkelon sagte sie nichts.

„Wirklich. Es geht ihn nichts an", schrie sie schließlich gegen den Lärm des Motors an. „Es geht ihn überhaupt nichts an. Das hat er schon immer gemacht. Schon früher. Dabei sage ich doch auch nichts zu dem Chaos bei ihm zu Hause." Was darauf folgte, war eine drastische Darstellung der Familienverhältnisse. Ich verstand zwar nicht alle Einzelheiten, aber insgesamt war ich heilfroh, dass der Vater Noa zuvor von weiteren Vergeltungsschlägen hatte abhalten können.

Noa trat aufs Gaspedal und wechselte auf die linke Spur. „Immerhin habe ich es geschafft, aus dem *Kibbuz* rauszukommen. Er hängt da immer noch fest, in YadMo. Was ist das überhaupt für ein Leben, auch für die Kinder", sagte sie. „*Ha-zep-pe-lin metz-a-lem, ha-zep-pe-lin metz-a-lem* ...".

Was mich wiederum an dieses *nicht unbedingt gute Gefühl* erinnerte. Dabei hatte ich den weißen Zeppelin schon seit einer Weile nicht mehr gesehen, er schwebte jetzt am Himmel hinter uns. Erleichtert stellte ich fest, dass die Straßenschilder wieder in Richtung Tel Aviv wiesen.

„Willst du eigentlich Kinder?", fragte Noa nach einer Weile. „Ich?", fragte ich mit einem erschrockenen Fragezeichen.

In diesem Augenblick meines Lebens war ich nun wirklich mit anderen Dingen beschäftigt. Mit weißen Zeppelinen beispielsweise oder dem blanken Überleben, für Kinder fehlte mir gerade die Muße.

„Ja, du", sagte sie.

Eigentlich hatte ich dieses Jahr dazu nutzen wollen, nicht weiter über meine Zukunft nachzudenken. Das hatte ich lange genug getan, und trotzdem war nichts passiert. Im Grunde war ich gekommen, um mir das Leben hier in Ruhe anzusehen, sollten die anderen mal machen, ich wollte mich da nicht weiter einmischen. Doch Noa ließ nicht locker. Und, wo wir schon mal dabei waren, konnte ich auch gleich bei der Wahrheit bleiben. Eine bessere Antwort fiel mir ohnehin nicht ein.

„Mit dem richtigen Mann ...", sagte ich schließlich. – „In Israel brauchst du dafür keinen Mann."

Dazu musste man wissen, dass in Israel in Sachen Fortpflanzung so ziemlich alles möglich war. Hier gab es nicht nur alleinerziehende, sondern auch alleinbefruchtende Mütter, und das nicht unbedingt selten. Die Samenbanken standen Single-Frauen genauso wie Lesben offen – und wer wollte, konnte gleich ein ganzes Paket kaufen, damit alle Geschwisterchen den selben Vater bekamen. So lange der Vorrat reichte.

„*Lama lo* ... warum nicht", sagte Noa, mehr mit sich selbst beschäftigt. „Ich habe einige Freundinnen, die das gemacht haben." – „Ich weiß nicht ..." – „Bevor es zu spät ist", sagte sie, „irgendwann schmeißt dir die Zeit die Türe vor der Nase zu." Als wenn ich das nicht wüsste.

„Und was soll aus dem Café werden?", fragte ich. Zurück zu ihr. „Willst du das alles aufgeben?" – „Das würde ich schon irgendwie hinkriegen", sagte sie. „Am Ende geht doch immer mehr als man denkt."

Das klang erst einmal einleuchtend. Doch um ehrlich zu sein, war mir diese Variante von *mein Bauch gehört mir* einigermaßen fremd. Vielleicht war ich einfach zu altmodisch groß geworden, als dass ich mir hätte vorstellen können, dass das Kind am Ende dabei glücklich wurde.

„Weiß nicht", sagte ich, „ich hätte schon lieber einen Vater für mein Kind." – „Ganz wie du willst", sagte Noa angriffslustig. „Dann müssen wir eben einen israelischen Mann für dich finden." – „Der hat mir gerade noch gefehlt."

„Jetzt hast du mich gleich von meiner besten Seite kennengelernt", sagte Noa, als sie mich am Ende dieses Tages zu Hause absetzte. „Willkommen in meinem Leben."

Später, kurz vor dem Einschlafen, dachte ich noch einmal an den weißen Zeppelin. Mir fiel ein, dass ich froh war, zu Hause auf meiner Matratze in Tel Aviv zu liegen.

November

Vierter Monat, in dem erst einmal Haare fallen, ich den weißen Zeppelin wieder sehe und mir am Ende Hebräisch leicht gemacht wird.

Mein Einzug ins gelobte Land verlief schleichend, jedoch unaufhaltsam. Statt Nivea-Produkten stand inzwischen Creme vom Toten Meer in meinem Badezimmer, meinen Flip-Flops zu Liebe besuchte ich eines der unzähligen Nagelstudios, und demnächst stand mein erster israelischer Haarschnitt an. In unverbrüchlicher Treue zu meinem Berliner Friseur trug ich meine Haare seit Wochen nur noch hochgesteckt, doch langsam musste ich einsehen, dass ich das unmöglich ein ganzes Jahr lang würde durchhalten können.

Nachdem ich die einschlägigen Vokabeln in meinem Wörterbuch nachgeschlagen hatte, ging ich in den Salon Ilán an der Ecke. Der Meister selbst saß in seinem kleinen Vorgarten, trank Kaffee und las in der „Yedioth Achronot". Irgendwie hatte ich das Gefühl, ihn zu stören. Er dirigierte mich in den Laden, auf den Stuhl vor dem Waschbecken, ohne dass ich auch nur einen einzigen Wunsch hätte äußern können. Gehorsam rutschte ich auf dem Lederstuhl nach vorne und ließ meinen Kopf nach hinten fallen, worauf Ilán meine Haarspange löste und ich auch schon das kalte Wasser auf meiner Kopfhaut spürte.

„Nur die Spitzen", sagte ich, schon fast ein bisschen flehend, als ich kurz darauf mit nassen Haaren auf dem Stuhl vor dem Spiegel saß. Ilán nickte verständnisvoll, lächelte, ganz Herr der Lage. *Ich mach das schon Schätzchen*. Als die ersten blonden Strähnen auf den schwarzen Kittel fielen, wusste ich, dass es überflüssig war, ein Wort zu sagen. Ilán machte ohnehin, was er wollte, und ging dabei weit über die Spitzen hinaus. Ich setzte noch einmal zu einem schwachen Protest an, doch warum Schlachten schlagen, die schon längst geschlagen waren, und begnügte mich schließlich damit, die gefallenen Strähnen melancholisch zwischen meinen Fingerspitzen zu reiben.

Ilán wurde langsam gesprächiger. Er fragte mich, was ich in Israel mache, ob ich einen Freund habe, und warum nicht, wie alt ich sei und wie das denn mit Kindern wäre. Nach vier Monaten im Land war ich immer noch nicht in der Lage, seine Fragen wegen mangelnder Diskretion einfach zurückzuweisen. Privatsphäre war für die meisten Israelis ein Fremdwort. Man musste ihnen allerdings zugute halten, dass sie sich meist für ihre direkten Fragen entschuldigten, sobald sie die Antwort kannten.

Ilán hatte flinke Finger, legte die Schere schon nach kurzer Zeit weg und schmiss den Föhn an. Ich tat alles, um mich dazwischen zu werfen, zusätzlich zu meiner Kurzhaarfriseur brauchte ich nicht auch noch eine Föhnwelle. Ilán ignorierte meinen Protest hartnäckig, auch wenn ich immer lauter wurde. Schließlich blieb mir nichts anderes übrig, als nach seinem Handgelenk zu greifen und den dröhnenden Föhn mit aller Kraft nach unten zu drücken.

„*Ah, lo* ... ah, nein?“, fragte er mit unschuldiger Miene.

Schließlich verließ ich den Laden mit nassen Haaren und der Hoffnung, dass sie trocken schon irgendwie aussehen würden. Der Meister ging gemeinsam mit mir raus, in seinen kleinen Vorgarten. Er hatte eine neue Tasse Kaffee in der Hand und widmete sich wieder ganz seiner „Yedioth Achronot“.

Am nächsten Morgen traf ich Ilán zufällig auf der Straße. Meine Haare waren inzwischen getrocknet und wie befürchtet viel zu kurz. Außerdem waren aus den leichten Stufen, die mein Berliner Friseur mit aller gebotenen Sorgfalt geschnitten hatte, ganze Treppenabsätze geworden. Dessen ungeachtet begrüßte Ilán mich strahlend und fragte, ob mir meine Haare gefielen. Dabei hätte ihm eigentlich auffallen können, dass ich sie schon längst wieder hoch gesteckt trug.

„Viel zu kurz", sagte ich. – *„Lo yafé* ... nicht schön?", fragte er überrascht. Als ich mit dem Kopf schüttelte, legte er mir seine Hand auf die linke Schulter und sagte tröstend: *„Lo norá* ... nicht schlimm, die wachsen wieder."

Einige Tage später waren meine Haare immer noch nicht gewachsen, und trotzdem ließ der Typ am Nachbartisch nicht locker. Ich saß im Café Masaryk und hielt eine große Tasse *Harfouch* in den Händen. *Harfouch* hieß so viel wie verkehrt, es handelte sich also um einen großen Milchkaffee. Ich guckte angestrengt weg.

„Magst du den Strand?", fragte er schließlich. Alles, was ich wollte, war meine Ruhe. Ich wollte meinen Kaffee trinken, in die Bäume auf dem Kikar Masaryck sehen, langsam aufwachen – und das möglichst nicht neben diesem Typen.

„Sprichst du Hebräisch?", fragte er. Ich stellte mich taub, wandte ihm den Rücken zu und nahm mir die Zeitung, doch das interessierte ihn überhaupt nicht. Wieder einmal versagten meine sämtlichen Abwehrstrategien, denn israelische Männer waren ausgesprochen hartnäckig. Man konnte jede ihrer Fragen unbeantwortet lassen, sie mit Missachtung strafen und zickig sein bis zur Unverschämtheit. Jeder andere hätte sich schon längst gekränkt zurückgezogen. Israelische Männer aber fragten immer noch nach der Telefonnummer.

„Kommst du aus Frankreich?", fragte er. Am Anfang hatte ich mir damit zu helfen gesucht, ihnen eine falsche Nummer zu geben. Doch dämlich waren die Jungs natürlich auch nicht. Sie tippten die Nummer sogleich in ihr Telefon, um die Information auf ihren Wahrheitsgehalt zu prüfen. Und ich war nicht abgebrüht genug, als dass mir solche Situationen nicht hochnotpeinlich gewesen wären.

Der Typ neben mir sah mich erwartungsvoll an, offenbar bereit, seinen Fragenkatalog um sämtliche Länder dieser Erde zu erweitern. Dann aber besann er sich auf sein Beuteschema und beschloss, effektiver vorzugehen.

„Bis du Jüdin?", fragte er endlich. Und hier war sie. Meine Chance. Dieser Typ gehörte zu der Spezies israelischer Mann, den ich in genau dreißig Sekunden los sein würde. Ich würde in Ruhe meinen Kaffee *Harfouch* trinken, in die Bäume auf dem Kikar Masaryck sehen und langsam den Tag beginnen.

„Nein", sagte ich mit einem siegessicheren Lächeln. „Ich bin Christin." Das Nein hätte ihm im Grunde gereicht. Er bestellte die Rechnung.

Kurz darauf sah ich den weißen Zeppelin wieder. Er hing am Himmel über dem Rabin-Platz, auf dem später die Gedenkfeier für Yitzhak Rabin stattfinden sollte. Die tödlichen Kugeln hatten ihn gleich neben dem Bankautomaten getroffen, der mir mein israelisches Leben finanzierte. Rabin hatte damals, also genau genommen am 4. November 1995, auf einer Friedensdemonstration eine Rede gehalten. Er war auf dem Weg zu seinem Auto gewesen, die Treppen hinunter von dem Balkon des Rathauses auf die Straße, als sein Mörder, ein religiöser Fanatiker, abdrückte. Rabin war kurz darauf im Ichilov-Krankenhaus gestorben.

Rabins Tod, das war für mich vor allem das Gesicht seiner Enkelin, voller Tränen, als sie auf der Beerdigung sprach. Sie war damals vielleicht 18 Jahre alt gewesen, nur ein paar Jahre älter als ich, und die Tatsache, dass sie vor Bill Clinton und dem Rest der Welt den Mund aufbekam, hatte mich und meine Pubertät tief beeindruckt. Vor kurzem hatte ich in der Zeitung gelesen, dass sie es müde war, bis heute „die, mit der Rede“ zu sein. Das tat mir zwar leid, aber da war ihr nicht zu helfen. Für mich würde sie diejenige bleiben.

Ich hatte mich mit Alón verabredet, wir wollten uns vor dem Coffee Shop auf der Ibn Gabirol treffen. Kaum war ich dort angekommen, wurde ich auch schon von der riesigen Menschenmenge mitgerissen, die sich in Richtung Rabin-Platz wälzte. Ich suchte Halt am Rand und wühlte nach meinem Telefon, Alón hatte schon drei Nachrichten hinterlassen. Ich versuchte ihn zurückzurufen, doch inmitten der vielen Stimmen, Sirenen und Mikrophone bestand nicht die geringste Hoffnung, sein eigenes Wort zu verstehen. Ich verlegte unsere Kommunikation auf SMS-Basis, was wiederum dazu führte, dass wir unseren Treffpunkt auf die andere Seite des Platzes verlegten. Alón hatte soeben festgestellt, dass kein Durchkommen zu mir war und mich gebeten meinerseits zu kommen, was ich nicht unbedingt ritterlich fand, aber allein Orí zuliebe mit mir machen ließ. Ich umklammerte mein Telefon, zog meine Handtasche dicht vor die Brust und fuhr meine Ellenbogen aus. Menschenmengen hatte ich noch nie leiden können, und ich stellte fest, dass ich Menschenmengen auf israelischem Boden noch viel weniger leiden konnte. Zumal, wenn ein weißer Zeppelin über der Szene schwebte.

Alón hatte eine Weile gebraucht, um mich zu dieser Demonstration zu überreden, aber schließlich hatte er ja recht, man musste ein Zeichen setzen. Zudem bestand für ihn nicht der geringste Zweifel, auch Orí mitzunehmen, das hatte mich irgendwie beruhigt. Wenn mich allerdings nicht alles täuschte, befand ich mich letztendlich allein in dieser Menschenmenge – allein mit zwei, drei anderen, von denen ich hoffte, dass sie das Leben liebten wie ich selbst. Und zwar ausnahmslos.

Als ich knapp 300 Meter geschafft hatte, gab es einen

riesigen Knall. „BANG" hallte es in meinem Kopf. Irgendwo in meiner Nähe. Keine Ahnung. Ich war nicht die einzige, die aufschreckte, für einen Augenblick zuckte die ganze Menge zusammen. So als hätte jemand die Zeit angehalten, „Stopp" gerufen, um uns an etwas zu erinnern. Ich drehte mich um, direkt vor mir stand ein Mann mit einer schweren Kamera, wir sahen uns fragend an, tasteten unsere Umgebung mit suchenden Blicken ab und blieben schließlich an den Tränen eines kleinen Jungen hängen. Sein Ballon war geplatzt, vor lauter Luft, das rote Gummi hing traurig an einer Schnur in seiner Hand. Wir atmeten erleichtert auf, der Mann hob lächelnd seine Kamera und während sich die Menge entspannte, weiterdrängte, beschloss ich, in Zukunft Zeichen anderer Art zu setzen.

35 Minuten und acht SMS später drückte mir Alón schließlich einen Kuss auf die Wange. Er war erkennbar um gute Stimmung bemüht und erklärte mir wortreich, dass er nicht damit gerechnet habe, dass es so voll werden würde.

„Lass uns einfach nur verschwinden", sagte ich. „*Beséder* ... in Ordnung", sagte Alón beschwichtigend. „Vielleicht wir gehen ein Eis zu essen." Widerspruch zwecklos, denn Orí hatte den Vorschlag bereits einstimmig angenommen.

„Rabin ist tot", sagte Alón schließlich, als wir mit unserem Eis auf dem Sderot Ben Gurion saßen. „Das ist lange her." Er erzählte, dass er damals selbst auf der Demonstration gewesen sei, von den tödlichen Schüssen aber hatte er erst später im Fernsehen erfahren. „Alles ich weiß noch genau. Es war ein Samstagabend. Ich bin noch zu Freunden gefahren, wir haben zusammen gegessen, als sie im Fernsehen etwas sagten von Schüssen", erzählte er. „Eigentlich wir haben es nicht geglaubt."

So war das bei allen meinen israelischen Freunden. Ich konnte jeden fragen und jeder erinnerte sich daran, was er an jenem 4. November 1995 gemacht hatte. So wie sich in Deutschland jeder daran erinnerte, was er am 9. November 1989 gemacht hatte. Ich war damals noch in Köln zur Schule gegangen und an jenem Donnerstagnachmittag mit meinem ersten Freund nach Berlin gefahren. In seinem alten VW Käfer. Am 9. November 1989 tanzten wir auf der Mauer vor dem Brandenburger Tor.

„Bei uns, es war auch eine Mauer, die umfiel", sagte Alón. „Aber die Mauer fiel in die andere Seite. Als Rabin lebte, gab es Hoffnung, nach seinem Tod war alles möglich."

Wir gingen zurück nach Hause und brachten Orí ins Bett. Als ich später aus dem Bad kam, fand ich Alón vor dem Internet. Er war auf der Seite von www.jdate.com. Auf dem Bildschirm las ich „Treffe jüdische Single in deiner Gegend". Daneben der Slogan: „Die moderne Alternative zu traditioneller jüdischer Heiratsvermittlung". Irgendeine Lara strahlte mir entgegen, ziemlich dämlich, ehrlich gesagt. Erst jetzt bemerkte Alón, dass ich im Raum stand. Er wechselte sofort die Seite.

Eine kurze, betretene Stille.

„Na, ich gehe dann mal schlafen", sagte ich. „Ja, ja. Ich auch gleich." – „Na, dann. *Laýla tov* ... gute Nacht." – *„Laýla tov."*

Nicht, dass es mir etwas ausgemacht hätte. Nein, nein, wirklich nicht. Das war es nicht. Es war nur ... dieses Gefühl der Einsamkeit, das sich heranschlich. Plötzlich ploppten alle diese einsamen Seelen auf. Ich sah sie vor ihren Laptops sitzen, mitten in der Nacht, durch die Profile blättern. Ein Gesicht nach dem nächsten, das einem optimistisch entgegen strahlte, und so dachte man sich vielleicht, kurz vor dem Einschlafen, dass einem die Welt offen stand. Auch wenn es nur eine virtuelle Welt war.

Ich sah Orí quer ausgestreckt in Alóns Bett liegen. Gleich würde Alón ihn vorsichtig zur Seite schieben und sich wie ein großer Löffel neben ihn legen. In dieser Nacht vergrub ich mich ganz tief in meiner Bettdecke.

Charlotte Strohbach saß an ihrem Wohnzimmertisch vor mehreren Stapeln Papier. Die Türen der Schränke standen sperrangelweit offen, und auf dem Plattenspieler drehte sich ein Klavierkonzert, das immer wieder über einen Kratzer in dem Vinyl stolperte.

„*Shalom … ma nishma …*", sagte ich. Die alte Dame hob ihren Kopf und sah mich überrascht an. „Ach, ich habe Sie gar nicht kommen hören." – „Was für ein *balagan* … was machen Sie denn hier?" – „Ich räume auf", sagte sie und ließ mich in der Türe stehen, um sich wieder ganz ihren Papieren zu widmen. Eins nach dem anderen hob sie vorsichtig in die Höhe, als könnte es im nächsten Augenblick auseinanderfallen, führte es bis auf wenige Zentimeter vor ihre Augen und legte es auf einen der Haufen. Ich folgte ihren Händen, die mir schon bei unserem Vorstellungsgespräch aufgefallen waren. Es waren kräftige Hände mit langen Fingern, die in sorgfältig manikürten Nägeln endeten. Solche Hände wollte ich auch einmal haben, wenn ich hundert war.

„So viel alter Krempel …", sagte sie zu sich selbst. Ich ließ meinen Blick über die Papiere gleiten. Es waren Zeitungsausschnitte, Konzerthefte, Briefe und Notizen, die von Gummibändern und Butterbrottüten zusammen gehalten wurden.

„Schauen Sie mal, können Sie das noch lesen?", fragte sie und drückte mir ein vergilbtes Stück Papier in die Hand. Die Buchstaben waren in Sütterlin-Schrift geschrieben und ich tastete mich von Wort zu Wort vor. „Vielleicht ein Rezept … vielleicht für Blätterteig?" – „Ah ja, das mag sein, den hat meine Mutter gerne gemacht", antwortete sie und nahm das Papier wieder an sich. „Ihr Apfelstrudel war, den hätten Sie kosten sollen", sagte sie, führte ihre rechte Hand zum Mund und küsste die Kuppen ihrer fünf Finger.

„Und das ist Moishle", sagte sie, „mein Produkt". Sie zeigte mir das Foto eines jungen Mannes, der mit schwarzem Talar und Doktorhut stolz in die Kamera lachte. Das Bild musste irgendwann in den späten Sechzigern an einer amerikanischen Uni entstanden sein. Moishle hieß im richtigen Leben Moshe und war gerade sechzig Jahre alt geworden. Er lebte mit seiner Familie in Chicago und hatte zwei Kinder, die etwas jünger waren als ich.

„Wissen Sie, was das Schlimmste an dieser Krankheit ist", sagte Charlotte Strohbach wehmütig. „Das Schlimmste daran ist, dass ich nicht mehr reisen kann. Dabei habe ich so schöne Reisen nach Amerika gemacht."

Moshe kam einmal im Jahr, zu ihrem Geburtstag, nach Tel Aviv, allerdings meist ohne seine Familie. Seit dieser Krankheit konnte sie sich kaum noch mit ihnen verständigen. Mit ihrem Sohn hatte sie von Geburt an konsequent Hebräisch gesprochen, damit aus ihm ein echter *Sabre* ... eine echte Kaktusfeige, also ein echter Israeli wurde. Er sprach kaum ein Wort deutsch. Der Rest der Familie sprach gar kein Wort deutsch.

„Ja, ja", sagte sie. „Schade ist das, sehr schade."

„Hier, ich habe auch etwas für Sie gefunden." Sie zeigte auf ein ockergelbes Heft oder vielmehr eine lose Blattsammlung, die vor ihr auf dem Tisch lag. Es hatte einige Altersflecken auf dem Einband und roch streng nach Antiquariat. „Neuhebräisch – Schnell gelernt", stand darauf, darunter Berlin 1935. „Von wegen schnell gelernt", sagte ich. Die alte Dame sah mich interessiert an. „Was macht denn Ihr Ivrit eigentlich? Sie müssten doch jetzt schon ganz schön sprechen können?" „*Oi-wa-woi* ... Sie sind aber ehrgeizig mit mir. Als wenn das so leicht wäre." – „*Oi-wa-woi?*", fragte sie streng, ganz so als würde sie einen geklauten Silberlöffel aus meiner Handtasche ziehen. „Wo haben Sie das denn aufgelesen? Das sollten Sie sich mal ganz schnell wieder abgewöhnen."

Was nun einigermaßen bedauerlich war. Das *Oi-wa-woi* nämlich gehörte zu meinen kleinen Wortschätzen. Alón gebrauchte den Ausdruck häufig, um seine polnische Mutter zu charakterisieren, die chronisch einen Grund zur Wehklage fand. Das Wetter, *oi-wa-woi,* die Preise, *oi-wa-woi,* der Frieden, *oi-wa-woi*. Der Sound hatte sich in meinem Ohr eingenistet, und ich hatte die Melodie inzwischen in allen Variationen einstudiert. Richtig intoniert passte es in jeder Lebenslage. Fand ich jedenfalls.

Ich blätterte das Lehrbuch auf und sah auf der ersten Seite einen handschriftlichen Eintrag. Charlotte Cohn, Karlsruhe, 1935. Im Inhaltsverzeichnis stieß ich auf die Lektionen „Die Seefahrt", „Eine Dame kauft Lebensmittel" und „In der Kolonie". Charlotte Strohbach, geborene Cohn, hatte mit dem Buch gelernt, als sie noch in Karlsruhe lebte und als Sekretärin an der Hochschule arbeitete. Sie hatte dort getippt und stenographiert. 1936 ihre Stellung verloren.

„Sie können es gerne mitnehmen", sagte sie. „Nein, das geht nicht ..." – „Und warum nicht, bitte schön?" – „Weil es viel zu wertvoll ist ... 1935 ... so eine Erinnerung." – „I wo, wenn es mich nicht mehr gibt, wird das hier sowieso alles weggeschmissen", sagte sie und machte eine ausladende Geste durch ihr Wohnzimmer. – „Aber jetzt bleiben Sie erst mal noch eine Weile hier, oder?" – „Ach ..." Charlotte Strohbach zog ihre Augenbrauen in die Höhe, *man kann nie wissen,* woraufhin sich ihre Stirn in noch mehr in Falten legte. „Wie wäre es erst einmal mit einer Tasse Tee?", fragte ich.

Als ich mit dem Tee zurück ins Wohnzimmer kam, lag „Neuhebräisch – Schnell gelernt" bereits neben meiner Tasche auf dem Sofa. Ich räumte die Papiere vorsichtig zur Seite, und Charlotte Strohbach führte vorsichtig die Tasse an ihre Lippen. Auf einem der Stapel entdeckte ich einen kleinen Zettel, der an einer Ecke eingerissen war. „Triest – Haifa, einfache Fahrt, zweite Klasse".

Am 2. August 1936 war sie mit zwei schweren Holzkisten an Bord der Tel Aviv gegangen. Sie war damals noch keine dreißig. Ihre Mutter hatte ihr die gesamte Aussteuer mitgegeben, einen Fleischwolf, Tortenformen, gusseiserne Pfannen und einen Primus-Kocher, eben alles, was man für einen ordentlichen Haushalt brauchte. Als sie später in Haifa von Bord ging, hatte ihr ein junger Mann schon auf der Gangway den Gepäckschein abnehmen wollen und sie wissen lassen, dass er sich um ihre Sachen kümmern werde. Außerdem müsse sie sich gleich im Hafenbüro für einen *Kibbuz* registrieren lassen. Charlotte Strohbach, geborene Cohn, jedoch hatte den Gepäckschein für sich behalten und den jungen Mann ihrerseits wissen lassen, dass sie ihre Papiere leider gerade nicht zur Hand habe. Sie werde aber gleich morgen wieder kommen, um sich registrieren zu lassen.

Sie war natürlich nicht wieder gekommen.

„Schließlich hatte ich innerlich nicht die Absicht, in einen *Kibbuz* zu gehen", sagte sie. „*Lama lo* … warum nicht?" – „*Lama ken* … warum ja?", fragte sie unwirsch zurück und gab mir das Gefühl, gar nichts, aber auch wirklich gar nichts begriffen zu haben. „Sollte ich etwa alles abgeben?"

Der Punkt ging an sie. Schließlich fühlte sich die *Kibbuz*-Bewegung ganz der sozialistischen Idee verpflichtet, dass alles allen gehörte. Keine Ahnung, ob ich an ihrer Stelle ähnlich clever gewesen wäre. Ich stellte mir vor, im Hafen von Haifa zu stehen, mutterseelenallein, mit einem Gepäckschein in der Hand. Und dann kommt da dieser nette, kräftige junge Mann, der sich um mich kümmern und meine Koffer tragen möchte. Nicht auszuschließen, dass ich schnurstracks in einem *Kibbuz* gelandet wäre, und für den Rest meines Lebens Avocados geerntet hätte.

„Jetzt aber genug mit den alten Geschichten", sagte sie. „Lassen Sie uns ein bisschen vor die Türe gehen." Nachdem sie ihre Lippen geschminkt und das Haarnetz gerichtet hatte, kletterten wir die Stufen hinunter. Unten steuerte ich auf den Rollstuhl zu, der am Treppengeländer angekettet war.

„Fangen Sie mir jetzt bloß nicht an wie die Mayumi", sagte sie und stellte auf meinen fragenden Blick unmissverständlich klar: „Ich laufe." Von Mayumi sollte ich später erfahren, dass es um den Rollstuhl immerwährend Streit gab. Seit dem Schlaganfall hatte Mayumi Sorge, dass der alten Dame etwas zustoßen könnte. Charlotte Strohbach ihrerseits hasste es, in dem Stuhl festzusitzen, und so war das Gefährt zu einer echten Belastungsprobe der israelisch-philippinischen Beziehungen geworden.

Ich fügte mich ihrem Diktum und wir liefen den Shderot Ben Gurion einmal hoch, in Richtung Shlomo Ha'Melekh. Wenn ich den Boulevard vom Anfang bis zum En-de joggte, brauchte ich zwölf Minuten, wir hatten nach einer halben Stunde gerade mal die Hälfte geschafft. Ich verdrängte den Gedanken, dass andere Menschen um diese Zeit richtig arbeiteten.

An der Ecke Reines, kurz hinter dem Kiosk, sah ich, wie schon häufiger, einen alten Mann in seinem Rollstuhl. Sein philippinischer Pfleger hielt einige Meter Abstand von ihm, er saß auf einer Bank in der Nähe, starrte auf das Display seines Telefons und tat, als würde er nicht dazu gehören. Als wäre ihm irgendetwas peinlich. Wir zogen an dem Pärchen vorbei, und wie jedes Mal grüßte der alte Mann mit einem lauten *Shalom,* wobei er mit beiden Armen aufgeregt in unsere Richtung wedelte. Ich grüßte zurück, wie jedes Mal. Er freute sich immer so nett.

Kaum hatte ich mein *Shalom* über die Lippen gebracht, blieb Charlotte Strohbach stehen, drehte ihren Kopf zu mir und sah mich an, als hätte ich gerade laut gerülpst. „Beachten Sie den nicht", sagte sie streng. „Das ist ein *nutnik* ... eine Nervensäge."

Dezember

Fünfter Monat, in dem ich zur Schwiegertochter werde, Weihnachten naht und ich am Ende die Hosen runter lasse.

Wir waren den Berg nach Jerusalem hinaufgefahren und ich hatte an meine ersten Stunden im Ulpan denken müssen. *„Ata ole chadash?“*, *„At ola chadasha?“* – „Bist du neuer Einwanderer?“, „Bist du neue Einwanderin?“, hatten Ryan und ich uns gegenseitig gefragt, immer wieder, bis die Vokabeln in unseren Köpfen festsaßen. Wörtlich übersetzt bedeutete *„ole chadash“* – „neuer Aufsteiger“. Und die Idee dahinter war, dass das Leben im gelobten Land ein besseres war, egal, woher man kam. Ich hatte bei diesem Aufstieg immer an den Weg nach Jerusalem denken müssen, die steilen Kurven hinauf, bis ein profanes Straßenschild den Namen der biblischen Stadt verkündete.

„In Jerusalem man kann schwer atmen“, sagte Alón. „Es ist auf der Brust. Man fährt auf den Berg und es wird immer schwerer.“

Tatsächlich war die Luft viel klarer als in Tel Aviv. Es war um einige Grad kälter, und im Sommer war es weniger schwül. Allerdings war die Luft in Jerusalem geschwängert von Religion. Die Grabeskirche, die Klagemauer und die Al-Aqsa-Moschee standen auf wenigen Quadratmetern, mitten im Zentrum, drei Weltreligionen pilgerten zu diesem Fleckchen Erde. Die meisten jungen Menschen, die ich kannte, zog es fort von den bedeutungsschweren Steinen, 62 Kilometer weiter westlich, nach Tel Aviv.

„Bruchim harbaim ... herzlich Willkommen", sagte Alóns Mutter, als sie die Haustüre öffnete und uns strahlend begrüßte.

Das ganze Haus war voll von Menschen. Die Mutter hatte Nachbarn eingeladen, Tanten und Onkel, Cousinen und Cousins mit ihren Kindern und Kindeskindern. Zu *Chanukka*, dem Lichterfest, sollte niemand alleine sein. Eigentlich sollte überhaupt niemals jemand alleine sein. Die Augen aller Gäste blieben an uns hängen und ich war froh, die weiße Pappschachtel mit den *Sufganiot* zu halten. So hatten wenigstens meine Hände etwas zu tun. *Sufganiot* waren so ziemlich dasselbe wie Berliner Ballen. Ich hatte sie am Nachmittag im Café Judith gekauft. „Dort gibt es die Besten", hatte mir Alón vorsorglich gesteckt, und so hatte ich mich in die Reihe derer gestellt, die nur zu *Chanukka* in die Konditorei der alten Damen kamen.

Alón schob mich in die Küche, wo es nach Reibekuchen und geräuchertem Lachs duftete. Kaum hatte ich meine *Sufganiot* auf dem Büffet abgestellt, neben das Apfelmus und die saure Sahne, kam die Mutter hinter uns her und zog mich an ihrer Hand ins Wohnzimmer. Alón blieb mit Orí in der Küche zurück und aus den Augenwinkeln erkannte ich ihre Ähnlichkeit, wenn sie leise lächelten.

Die Tanten und Onkel saßen in einem großen Kreis zusammen, der schwere Esstisch war zur Feier des Tages an die Seite gerückt, die Plastikstühle aus dem Garten boten zusätzliche Plätze. *„Na'im me'od, na'im me'od* ... sehr erfreut, sehr erfreut", sagte ich, während die Mutter mich durch die Manege führte wie ein Zirkuspferd. Ich nickte und lächelte und sagte, dass ich aus Deutschland komme, aus Berlin. Und nein, ich lebe nicht in Jerusalem, ich lebe in Tel Aviv. Dass es mir gut gehe in Israel, sagte ich auch, die Menschen machten es mir nicht schwer, das Wetter sei schön, und das Essen? Ja, das Essen, natürlich, das Essen sei hervorragend. Dass ich eine Freundin von Alón sei, sagte ihnen die Mutter.

Als wir die Hälfte des Kreises geschafft hatten, ging offiziell die Sonne unter, und es war Zeit für *Chanukka*. Auf dem kleinen Tisch in der Mitte stand der neunarmige Leuchter. Alón setzte sich neben mich, um mir alles zu erklären, und um die Zeremonie nicht zu stören, rückten wir eng nebeneinander. Unterm Strich war *Chanukka* eine weitere Geschichte vom Kampf der Juden gegen den Rest der Welt. Die Syrer waren schon damals ihre Feinde gewesen, das hatte sich seit 164 vor Christus bis heute nicht geändert. Unter Führung der Makkabäer zog das jüdische Volk in die Schlacht, siegte und nahm den Tempel wieder in Besitz. Dort wurde die *Menora* entzündet, der neunarmige Leuchter, der im Tempel niemals erlöschen durfte. Das geweihte Öl aber reichte nur für einen Tag, und doch leuchteten die Kerzen, leuchteten und leuchteten. Am Ende des achten Tages gab es neues Öl für die *Menora*. Acht Kerzen also kamen dem Wunder zugute. Die neunte, die in der Mitte thronte, war der *schamasch,* der Diener, allein mit ihr durften die anderen Kerzen entzündet werden.

Dann war der Segen gesprochen, die erste Kerze brannte, und alle sangen Lieder, die sie seit ihrer Kindheit kannten. Schließlich erhoben sie ihre Gläser, *chag sameach* ... glückliche Feiertage, *lecha'im* ... auf das Leben. Wieder gingen die Gläser in die Höhe, der Rotwein schwappte. „Auf unseren Gast", sagte die Mutter, „eine Freundin von Alón, aus Berlin". Ich spürte, wie die heiße Farbe von meinem Hals über die Nase bis zur Stirn stieg, und ich war mir sicher, dass alle Kerzen gleichzeitig in mein Gesicht leuchteten.

Später, zum Essen, setzte sich die Mutter neben mich, tastete sich vorsichtig an die Grenzen meines hebräischen Wortschatzes und darüber hinaus.

„Hast du Familie in Israel?", fragte sie. Diese Frage hatte ich in den vergangenen Monaten häufig gehört, ich hielt sie für die klassische Gretchenfrage, in Watte gepackt natürlich, um möglichst schonend herauszufinden: Sag, wie hältst du's mit der Religion. Hatte ich Familie in Israel, bestand schließlich Hoffnung. Mir blieb nichts anderes, als sie mit meiner Antwort zu enttäuschen, schon in einem so frühen Stadium unserer Bekanntschaft. Doch das schien mich nicht gleich für meine Rolle zu disqualifizieren, jedenfalls setzte sie ihr Casting mit unvermindertem Eifer fort.

„Aber Zuhause hast du Familie, eine große Familie?" Ich dachte an Deutschland, Weihnachten, meine Schwestern und nickte. Orí kam mit einem Zwanzig-Shekel-Schein zu mir, den ihm eine der Tanten zugesteckte hatte, und ließ ihn in meiner Handtasche verschwinden.

„*Eize motek* ... was für ein süßer Kerl", sagte die Mutter verzückt, während sie mir gefillte Fisch und Hähnchenspieße auf den Teller legte. „Die Menschen bekommen viel zu wenig Kinder", sagte die Mutter, was ich für reichlich übertrieben hielt, schließlich lag die Geburtenrate in Israel mit fast drei Kindern pro Frau beneidenswert hoch. Allerdings musste man dazu sagen, dass die Araber noch mehr Kinder bekamen als die Israelis, und wenn es so weitergehen würde, übernahmen sie eines Tages, der nicht mehr so fern lag, die Mehrheit im gelobten Land. Yassir Arafat soll einmal gesagt haben, der Uterus der arabischen Frau sei seine stärkste Waffe. In Israel sprach man inzwischen von einem ernsthaften demographischen Problem. Zu den Großmutterhormonen gesellten sich hier also offenbar die Vaterlandspflichten.

Nachdem sie mehrfach Falafel, Reibekuchen und kleine Frikadellen auf meinen Teller nachgeschoben hatte, war sie zum Nachtisch übergegangen. Sie reichte mir einen Teller mit Apfelstrudel und Obstsalat, in dem die roten Kerne der Granatäpfel steckten. Inzwischen hatte sie vergessen, dass meine Muttersprache eine fremde war, ihr Mund bewegte sich nicht länger g-a-n-z l-a-n-g-s-a-m und d-e-u-t-l-i-c-h, sondern ohnepunktundkomma. „*Ani lo mevina, ani lo mevina* ... ich verstehe nicht, ich verstehe nicht“, sagte ich ein ums andere Mal. Nur ihre Botschaft, die hatte ich längst verstanden.

Nach der zweiten Portion Strudel fühlte ich mich wie im dritten Monat. Alón tauchte auf und fragte, wie es mir ginge. „Ich kann nicht mehr.“ – „Ah, das ist gar nichts. Meine Großmutter war viel schlimmer. Sie dachte, dass du bist auf der Stelle tot, wenn du deinen Teller nicht isst. Eigentlich meine Mutter ist schon modern.“

Inzwischen war ich sicher, dass ich schneller eine jüdische Schwiegermutter haben würde als einen israelischen Freund. Für den Augenblick fand ich die Rolle gar nicht so übel. Es gab Schlimmeres als mit offenen Armen empfangen zu werden, mir schwappte eine warme Welle von Herzlichkeit entgegen, und am *Sabbat* würde ich wissen, wo ich hingehörte. Der Zustand „alles in Ordnung“ schien auf einmal zum Greifen nah. Alón und ich würden nebeneinander im Wagen sitzen, auf dem Weg von Tel Aviv nach Jerusalem, auf meinen Knien eine Pappschachtel mit Gebäck, auf dem Rücksitz Orí und daneben all die anderen Enkelkinder, die wir der Mutter später schenken würden.

Als wir gingen, sagte uns die Mutter, wir müssten bald wiederkommen.

„Und, was denkst du?“, fragte Alón, als wir im Auto saßen. „Sie ist viel netter als du immer sagst.“ – „Sie ist nicht deine Mutter.“

Wäre es nach mir gegangen, hätten wir es dabei bewenden lassen können. Alón war mir im Laufe des Abends zu ernst geworden. Seine bissige Ironie, ohne die er niemals das Haus verließ, hatte sich auf leisen Sohlen davon geschlichen. Das machte mich unsicher.

„Ich habe schon gesehen, die blonden Enkelkinder in ihren Augen“, sagte er, ganz sachlich, als hätte das alles überhaupt nichts mit uns zu tun. „Dabei dachte ich immer, jüdische Mütter ...“ – „... aahh, was denkst du, irgendwann ist es ihnen egal“, sagte er und sah mich herausfordernd an, „irgendwann nehmen sie sogar eine Christen-Frau“.

Ich tat ein bisschen beleidigt, aber in Wahrheit entspannte ich mich langsam, während wir den Berg hinunter fuhren, zurück nach Tel Aviv. Spätestens dort würden wir zu unserem vertrauten Ton zurückfinden.

Draußen war es stockdunkel. Es waren kaum Autos unterwegs. Kurz bevor wir auf die Autobahn fuhren, hielten wir an einem Grenzposten, eine weiße Pförtnerloge, aus der eine nackte Glühbirne leuchtete, umgeben von Betonhürden und Stacheldraht. Durch die Dunkelheit sah ich schemenhaft einen kräftigen Mann, der auf uns zukam, das Sturmgewehr über der Schulter. Sein junges Gesicht erschien in der Fahrertür, die grüne Uniform, der Kolben seines Gewehres, und kurz darauf eine offene Schachtel mit *Sufganiot*, die er lächelnd durchs Fenster schob.

„*Chag sameach*“, sagte er. Ich schüttelte nur müde den Kopf. „Fürs Vaterland ... oder sollen eure Soldaten dick werden?“

Chanukka, die vielen Kerzen und Lieder, ließen mich an meinen Plänen zweifeln. Ich hatte mir fest vorgenommen, Weihnachten in Bethlehem zu verbringen. Die Geburtskirche schien mir der beste Ort für die Heilige Nacht, hier ward ein Kind geboren, ich würde die Engel jubilieren hören und in die Fußstapfen der drei Könige treten. Jetzt aber mischte sich ungeahntes Heimweh in meinen biblischen Eifer. Zu Hause leuchtete mittlerweile die dritte Kerze und meine Mutter hatte mir am Telefon erzählt, dass sie die Gans schon bestellt habe.

„Du wirst uns hier fehlen“, sagte sie. „Willst du es dir nicht noch einmal überlegen?“ – „Ne, ne.“ In der Leitung Tel Aviv – Köln herrschte Schweigen. „Wirklich nicht?“, fragte meine Mutter. – „Ne, ne.“ – „Nun, wie du meinst.“

„Jetzt habe ich auch schon eine Karte für Bethlehem. War gar nicht so einfach." – „Ja, das klingt interessant, habe ich auch deinem Vater erzählt, dass du Heilig Abend in der Geburtskirche verbringst ... Übrigens, er lässt dich herzlich grüßen." – „Wirklich?" – „Ach, Kind."

Damit legten wir auf.

In Tel Aviv fehlte von Weihnachten jede Spur. Der 24. Dezember würde ein ganz normaler Arbeitstag sein. Den Menschen hier war die Geburt Christi vollkommen egal, wie auch nicht, schließlich war ihr Messias noch auf dem Weg. Für mich dagegen war ein Leben ohne Weihnachten plötzlich undenkbar, das hatte ich vorher nicht gewusst. Nur meine Mutter hatte sich offensichtlich so etwas gedacht und einen Adventskalender auf die Reise geschickt, so einen hatte ich zuletzt als Kind gehabt. Mit jedem Türchen, das sich öffnete, rückte der Zeiger meiner inneren Uhr bedrohlich auf Besinnlichkeit. In Tel Aviv dagegen roch es nach Frühling, die Menschen saßen im T-Shirt am Strand und ließen meinen Gott einen guten Mann sein.

Um nicht weiter in die Jahresendzeitstimmung zu schlittern, stürzte ich mich in die Routine meines jungen Alltags. Ich zog Wartenummern bei der Post, um meine Rechnungen zu bezahlen, studierte die Grammatik der Vergangenheit und ließ mich beim Scrabbeln schlagen. Als mir auf dem Weg zur alten Dame Mayumi im Treppenhaus begegnete, verkündete sie mir, dass wir uns bis Ende Januar nicht sehen würden. Ab nächster Woche werde eine Freundin sie vertreten, sie selbst fahre nach Hause, das erste Mal seit fünf Jahren.

Strahlend zeigte sie mir den Primus-Kocher, den sie in einem verblichenen Karton unterm Arm trug, ihr Weihnachtsgeschenk. Dann fragte sie mich, ob ich auch nach Hause fahre. Ich gab mir Mühe, meine Antwort nicht allzu verzweifelt klingen zu lassen, und erzählte etwas von

Christmas zu Hause, meiner Familie und dass nur einmal im Jahr alle zusammenkämen. Schnell fügte ich hinzu, dass ich in die Geburtskirche nach Bethlehem fahren werde, das sei bestimmt auch sehr interessant. Ihr war die ganze Tapferkeit meiner Antwort nicht entgangen. Sie wusste wohl besser als ich, wovon ich sprach.

Am Samstag rief Mayumi an und fragte, ob ich sie in ihre Kirche nach Yafo begleiten wolle. Bislang war ich nicht auf die Idee gekommen, dass Mayumi und ich denselben Gott teilten. Ohne länger darüber nachzudenken, war ich davon ausgegangen, dass ich als Christen-Frau in Tel Aviv ziemlich alleine war. Als ich aber in Sankt Anthonys ankam, hielt dort ein Bus nach dem anderen, aus denen die Filipinos in den Gottesdienst strömten. Ich musste an Charlotte Strohbach und die anderen alten Menschen denken, die jetzt alleine zu Hause saßen. Verlassen von ihren guten Geistern.

Gemeinsam mit Mayumi zwängte ich mich in eine der vollen Holzbänke. Mein Kopf ragte auffällig aus den geschlossenen Reihen, ich war größer als die meisten und die einzige, deren Haar nicht schwarz glänzte. Sie waren jung oder, wie man sagt, im besten Alter, um Geld zu verdienen für ihre Kinder und Eltern, die zu Hause zurückgeblieben waren. Mayumi kannte fast jeden hier. Sankt Anthonys war offenbar eine kleine philippinische Insel im gelobten Land.

Die Lieder ließen mich alles vergessen. Sobald der Chor ein neues intonierte, warf der Overhead-Projektor den englischen Text an die Wand, und die Gemeinde fiel in die Melodie ein. Der Jubel füllte die Kirche und bald auch meine Lungen, er trug uns hinweg, über den Indischen Ozean oder das Mittelmeer, jeden in seine Richtung. Der Schatten einer Hand schob die Textfolie immer weiter nach oben, und während wir den Herrn aus tiefster Seele lobten, drückte die junge Frau neben mir verstohlen ein paar Tränen in ihr Taschentuch. Zum „Vater unser“ fasste mich

Mayumi an der Hand, meine Nachbarin zur Rechten stopfte das Taschentuch in ihre Tasche, und die ganze Kirche verwandelte sich in eine singende Menschenkette. Danach folgte ein philippinisches Lied, in das ich erst zögernd und dann immer lauter einstimmte. *„Nang Dioys, nang dioys …“*, sang ich, Mayumi drückte fest meine Hand, lachte mir ins Gesicht und zeigte auf den Wochenbrief, der Mitglieder für den Chor suchte.

„Have a more meaningful Saturday. Come and serve the Lord through singing, share the talent, HE has given to you.“

Später schoben wir uns mit der Menge nach draußen, und ich sah über die anderen Köpfe hinweg meine Banknachbarin, in den Armen einer Freundin. Das alles machte mein Heimweh nicht unbedingt besser.

Als ich das nächste Mal mit meiner Mutter telefonierte, waren die Risse in meiner Stimme nicht mehr zu überhören. Ohne Widerspruch zu dulden, schenkte sie mir zu Weihnachten einen Flug nach Hause. Meine Seele war inzwischen wund genug, um das Angebot nicht abzulehnen.

Danach ging alles verdammt schnell. Nachdem Alón mir versprochen hatte, ab und an bei der alten Dame vorbeizuschauen, ging ich Weihnachtsgeschenke einkaufen. Noa fand die Vorstellung wildromantisch und begleitete mich.

Anders als in Deutschland waren die Geschäfte um diese Jahreszeit so voll oder leer wie immer, die Verkäuferinnen waren entspannt, und wir hatten meine Liste nach zwei Stunden abgearbeitet. Ich fing allmählich an, mich auf Weihnachten zu freuen. Das einzige Geschenk, das mir am Ende noch fehlte, war das Geschenk für meinen Vater. Noa versuchte mir auf die Sprünge zu helfen, doch wir kamen nicht zusammen.

„Hat er Hobbys?“ – „Er arbeitet.“ – „Ich meine nach der Arbeit.“ – „Isst er zu Abend.“ – „Macht er Sport?“ – „Er geht jeden Morgen um sechs Uhr schwimmen.“ – „Vor der Arbeit“, stellte Noa klar. „Und eine Badehose hat er schon.“ – „Liest er?“ – „Seine Akten“, sagte ich. „Die nimmt er sogar abends mit ins Bett.“ Das reichte erst einmal. Ich beschloss, dass ich mir vorerst genug Gedanken über meinen Vater gemacht hatte.

„Lass uns einen Kaffee trinken“, sagte ich. „Tola'at Sfarim?“, schlug Noa vor. Der Tola'at Sfarim, also der Bücherwurm, lag auf dem Weg. Er war ein Café mit Buchhandlung oder eine Buchhandlung mit Café in der Nähe des Kikar Rabin.

„War dein Vater schon mal in Israel?“, fragte Noa, nachdem wir bestellt hatten. Sie konnte wirklich hartnäckig sein. „Nein.“ – „Kommt er dich besuchen?“ – „Bist du verrückt?“ – „Warum?“ – „Weiß nicht.“ Ich wusste es tatsächlich nicht so genau. Ich wusste nur. Israel war nicht das Land meines Vaters.

Vielleicht hatte er ganz einfach Angst, hier jeden Augenblick in die Luft zu fliegen. Marietta Slomka sprach zu Hause schließlich von nichts anderem als dem Terror in Israel, und auch Caren Miosga hatte den Strand von Tel Aviv noch mit keinem Wort erwähnt. Wie also sollte man sich vorstellen, dass hier normales Leben möglich war, man sich an den Alltag gewöhnte, viel schneller als gedacht.

„Ich weiß nicht“, sagte ich noch einmal. „Wir haben nie darüber gesprochen.“ Ich kratzte mit meinem Löffel in der Kaffeetasse, obwohl von Milchschaum keine Spur mehr. „Mal abgesehen davon, ist mein Vater nicht unbedingt glücklich darüber, dass ich hier bin.“ – *„Lama?“*, fragte Noa.

Ich versuchte, ihr meine Geschichte zu erklären. Gar nicht so leicht. Der Bücherwurm hatte so gar nichts von meinem Büro in der zehnten Etage. Die dicken, roten Gesetze. Der time sheet neben meinem Telefon. Karl, der Freund meines Vaters. Mein Vater. Die Hoffnung auf eine solide Karriere. Oder doch wenigstens einen geraden Lebensweg. Ich hörte mich sprechen und dachte dabei, dass meine Worte nicht zu mir gehörten. Als wären die Gefühle, die seit Jahr und Tag mit diesen Worten verbunden waren, mit der Zeit in Israel taub geworden. Berlin schien auf einmal so unvorstellbar weit weg.

„Hey, *gibora* ...", sagte Noa schließlich, um mich aus meinen ganzen Grübeln zu befreien. „Hey, Heldin. Ich bin jedenfalls glücklich darüber, dass du hier bist." Ich musste lachen. „*Ma?*", fragte sie. „Was?" – „Von wegen Heldin", sagte ich. „Eigentlich bin ich hier doch die Anti-Heldin. Deutsch. Christlich. Kinderlos. Viel unterschiedlicher kann man kaum sein." Noa zuckte mit den Schultern. „Vielleicht bist du ja gerade deshalb hier." Sie schien eben so wenig zu wissen wie ich, was genau sie damit meinte. Aber es klang plausibel.

Als wir das Café durch die Buchhandlung verließen, blieb Noa an einem Büchertisch stehen. „Interessiert er sich für Architektur?", fragte sie und drückte mir einen Bauhaus-Führer in die Hand.

Ich blätterte durch die Bilder, runde Balkone, verglaste Treppenhäuser, schlichte Formen. Das war schließlich auch Israel. Oder doch wenigstens Tel Aviv, die weiße Stadt, wenn auch mancherorts in einem traurigen Zustand. Ich musste daran denken, dass sich mein Vater bei seinen Berlin-Besuchen für jede neue Baustelle begeisterte. Hätte ich eigentlich auch selbst drauf kommen können. „Vielleicht keine schlechte Idee", sagte ich. „Hat ja auch etwas mit mir zu tun."

48 Stunden vor dem Heiligen Abend setzte mich Alón am Flughafen ab. Kaum hatte ich die Halle betreten, nahm mir die Frau von der Sicherheit auch schon meinen Pass ab. Sie ließ mich wissen, dass sie mir ein paar Fragen stellen müsse, und ich beschloss, sie geduldig zu beantworten. Schließlich war demnächst Weihnachten.

„Wer hat sie hergebracht?"

„Wo wohnen Sie in Tel Aviv?“

„Haben Sie Familie in Israel?“

„Was machen Sie den ganzen Tag?“

„Haben Sie palästinensische Freunde?“

So ging es endlos weiter. Bis sie sich schließlich mit einer Kollegin zurückzog und ihr anvertraute, was sie über mich herausgefunden hatte. Inzwischen fragte ich mich schon nicht mehr, was die israelische Sicherheit mein Privatleben eigentlich anging. Sobald sie anfingen zu fragen, fühlte ich mich ertappt, ohne etwas getan zu haben, und bekam Angst, mich in Widersprüchen zu verheddern. Also strich ich mein Leben so glatt wie möglich und wiederholte gebetsmühlenartig: „Ich bin in Israel, weil ich das Land mag.“ Dass ich es hasste, wie eine Kriminelle behandelt zu werden, sagte ich nicht.

Mit meinem Pass in der Hand kam die Frau von der Sicherheit zurück zu mir. Sie bat mich, meine Reisetasche zu öffnen und wühlte sich ohne Vorwarnung durch meine Hosen, Bücher und Pullis. Obenauf hatte ich mein schwarzes Seidenkleid gelegt, das ich zu Heiligabend tragen wollte, bis eben war es frisch gebügelt gewesen.

Am Ende lagen meine Habseligkeiten in drei großen, grauen Plastikwannen. Socken, Tagebuch, Zahnbürste, BHs, Haustürschlüssel, Joggingschuhe und die Weihnachtsgeschenke, die mittlerweile in trostlos verknautschten Papieren steckten. Die Frau von der Sicherheit hatte sich AIDS-Handschuhe übergezogen, so als wäre meine Tasche eine ansteckende Krankheit, und rührte mit einem Plastikstab immer und immer wieder darin herum. Nach einer Ewigkeit stellte sie die drei grauen Wannen vor mir ab und sagte: „Das war’s. Sie können wieder einpacken.“

Ich hatte mir Zeit genommen, um meine Tasche ausnahmsweise mal in Ruhe packen zu können und schließlich den Reißverschluss kaum zubekommen. Was jetzt vor mir lag, war nicht mehr als eine traurige Masse aus Stoff,

Leder und Papier. Ich musste an die Trödler denken, die morgens mit ihren abgemagerten Pferden durch meine Straße fuhren. „Alte Sachen, alte Sachen", riefen sie auf jiddisch und luden Kühlschränke, Lampen und Stühle auf ihre Kutschen. Was man in Tel Aviv nicht mehr brauchte, stellte man einfach auf die Straße, irgendjemand würde es schon mitnehmen. Mir fiel das beigefarbene Sofa wieder ein, das lange Zeit vor meiner Haustür gestanden hatte. Jahrelang hatten Menschen darauf gesessen, in einem Wohnzimmer, sie hatten geredet, gestritten und ihr Leben geplant. Irgendwann stand das Sofa auf der Straße, von jetzt auf gleich ohne Nutzen, zum Abschuss freigegeben. Eine Weile hatten die Katzen in den Kissen gewohnt, die Bezüge zerrissen und in die Polster gepinkelt. Bis das Sofa eines Tages spurlos verschwunden war. Auf dem Bürgersteig verloren die Dinge ihren Wert. In einer grauen Plastikwanne auch.

Ich wurde immer nervöser. In anderthalb Stunden ging mein Flug. In weniger als 48 Stunden war Weihnachten. Doch ich hielt es für das Klügste, mir meine Unruhe nicht anmerken zu lassen, alles andere würde mich erst recht verdächtig machen. Also setzte ich ein Pokerface auf und gab meinen Dingen ihre Ordnung wieder.

„Wann geht Ihr Flug?", fragte die Frau von der Sicherheit. – „23.30 Uhr", sagte ich. Sie sah skeptisch auf ihre Uhr. *„Ma koré"*, fragte ich. „Was ist los?" Doch sie würdigte mich keines Blickes. Das ging mich überhaupt nichts an.

Dann führte sie mich in einen abgelegenen Raum hinter den Schaltern, der nur mit einer Code-Karte zu betreten war, und spätestens jetzt sah ich mein Flugzeug ohne mich abfliegen. Die Frau griff nach einer Elektrosonde und fuhr über meinen Körper. „Ziehen Sie die Hose runter", sagte sie schließlich und versuchte ihre Stimme so selbstverständlich wie möglich klingen zu lassen. „Das ist nicht ihr Ernst." – „Ich kann meinen Supervisor holen", beeilte sie sich zu sagen und war schon fast hinter dem Vorhang verschwunden.

Eine ohnmächtige Wut durchflutete meinen Körper. Dabei wollte ich dieses Land doch nur verlassen. Nichts lieber als das. Ums Gehen ging es hier, nicht ums Kommen. Doch vielleicht wollten sie mir vor meinem Abschied noch schnell die Wiederkehr verleiden. Anders konnte ich mir das alles nicht erklären.

„Ich kann meinen Supervisor holen", sagte die Frau noch einmal, in der Hoffnung, mich, also das Problem, gleich weiterreichen zu können. Den Gefallen aber tat ich ihr nicht. Die Minuten zerronnen. Außerdem hatte ich nicht vor, das Publikum für meinen Strip unnötig zu vergrößern. Ich wollte nur noch weg, in mein Flugzeug, nach Hause. Mit gepresstem Atem ließ ich meine Hose runter, die mir augenblicklich in die Kniekehlen rutschte. Danach vermieden wir es, uns noch einmal in die Augen zu sehen.

Schließlich begleitete sie mich bis zur letzten Kontrolle vor den Gates. Neben mir sah ich einen Mann mit dunklerer Hautfarbe als der meinen, auch er in Begleitung der Sicherheit. Ohne ein Wort gab sie mir meinen Pass zurück und ich rannte los.

Zwischen den Jahren

Am Heiligen Abend gingen wir gemeinsam in den Dom. In Köln hatte es geschneit, die Domplatte lag unter einer weißen Decke, und die hohen Tannen strahlten. Meine Nichten und Neffen rutschten während der Messe von links nach rechts, polierten mit ihren Samtkleidchen und Anzugshosen die Holzbänke, waren nicht mehr zu halten. Kaum war der Segen gesprochen, stürmten sie durch den Weihrauch nach draußen. Vor dem Dom wurden Weihnachtsgrüße ausgetauscht. Nachdem wir schon viele Hände geschüttelt hatten, entdeckte mein Vater Herrn Dr. Lindemann in der Menge. Auch er in Begleitung seiner großen Familie.

Frohe Weihnachten.
Frohe Weihnachten.
Frohe Weihnachten.

„Und Sie sind jetzt in Israel, habe ich gehört?", sagte Herr Dr. Lindemann. „Ja. In Tel Aviv." – „Interessant." – „Ja", sagte mein Vater. „Es ist interessant, was sie zu erzählen hat." – „Wie lange bleiben Sie denn?", fragte Herr Dr. Lindemann. „Noch ein halbes Jahr", sagte ich. „Das jedenfalls ist der Plan." – „Dabei fällt mir ein", sagte er, nunmehr an meinen Vater gewandet. „Wir müssen dringend noch einmal in dieser Sache sprechen." – „Unbedingt", bestätigte mein Vater. „Der Kollege Goldberg hat vor ein paar Tagen auch noch einmal geschrieben." – „Tatsächlich?", fragte Herr Dr. Lindemann besorgt. – „Ja. Aber machen Sie sich keine Gedanken. Ich bin sicher, wir werden da zu einer gütlichen Einigung kommen."

Inzwischen wurden die Kinder immer nervöser. Die Kleinen zupften an jedem Hosenbein, dessen sie habhaft wurden. Die Großen schmissen mit Schneebällen und drohten ihre Montur zu ruinieren, bevor auch nur ein einziges Gedicht aufgesagt war. „Ich bin zwischen den Jahren im Büro. Lassen Sie uns telefonieren", sagte Herr Dr. Lindemann und mit Blick auf die Kinder: „Aber jetzt gehen wir erst einmal Geschenke auspacken, was?"

Am Zweiten Weihnachtstag waren alle Geschenke ausgepackt und es kehrte Ruhe ein. Durch das große Fenster im Wohnzimmer sah man in unseren Garten, die Wiese war immer noch vollständig weiß, und das schwache Sonnenlicht schien nicht in der Lage, den Schnee so schnell zum Schmelzen zu bringen.

„Wie wäre es mit einem Spaziergang?", fragte mein Vater gutgelaunt. Wir saßen nur noch zu dritt beim Frühstück, die große Tischplatte hatten wir noch in der Nacht zurück in die Garage gebracht, die anderen waren bereits zu den Schwiegereltern abgereist. Meine Mutter warf einen vielsagenden Blick ins Wohnzimmer und entschuldigte sich mit irgendwelchen Aufräumarbeiten. „Geht ihr mal alleine", sagte sie.

Wir liefen dick vermummt an den Rhein, und mir fiel auf, wie wohltuend ruhig Köln war. In Tel Aviv hatte man permanent etwas in den Ohren. Hupende Autos, die Sirenen der Krankenwagen, kreischende Katzen, die Klospülung der Nachbarn und ihre Streitereien. In Köln hörte ich nichts als unsere Schritte im Schnee. Ich dachte an die zurückliegenden Tage. Sie waren überraschend harmonisch verlaufen. Mein Vater hatte sich über den Bauhaus-Führer gefreut und, so es in dem weihnachtlichen Stimmengewirr überhaupt möglich war, sprach er auch wieder in ganzen Sätzen mit mir. Ich fasste Mut.

„Was ist das denn für eine Sache, von der Herr Lindemann gesprochen hat?", fragte ich schließlich in die kalte Luft. „Ach, erinnere mich nicht daran. Dieser Fall brennt mir schon eine ganze Zeit auf den Nägeln." – „Worum geht es denn?" – „Das ist alles vertraulich." – „Papa ..." – „Ach, das läuft schon eine Weile. Im Grunde geht es um ein Bild von Max Liebermann, das bei Herrn Dr. Lindemann im Wohnzimmer hängt. Sein Vater hat es irgendwann in den Siebzigern auf einer Auktion ersteigert. Vor drei Monaten kam nun dieser Brief von einem Anwalt in Jerusalem. Der behauptet, dass das Bild seinem Mandanten gehört." – „Oha, Restitutionsansprüche?" – „Darauf läuft es wohl hinaus. Der Anwalt macht geltend, dass die Eltern seines Mandanten das Bild 1937 notgedrungen verkaufen mussten."

„Kennst du dich denn da überhaupt aus?", wagte ich die ketzerische Frage. „Ein Experte bin ich sicher nicht. Aber Herr Dr. Lindemann hat mich gebeten, die Sache zu übernehmen. Er möchte das Ganze diskret behandelt wissen. Für die Zeitungen wäre das natürlich ein gefundenes Fressen." – „Eine gute Schlagzeile wäre das allemal." – „Das brauchst du mir nicht zu sagen." – „Verleger erbeutet Kunst. Oder: Kölner Verleger profitiert von den Nazis. Oder noch besser: Kölner Großverleger beutet Nazi-Opfer aus." – „Hör auf damit", sagte mein Vater. Kurz und knapp.

„Wann ist denn dieser Mandant nach Palästina gekommen? Der muss doch schon uralt sein." – „Ich weiß nicht genau. Irgendwann, noch Ende der Dreißiger wohl." – „Wie Charlotte Strohbach", sagte ich, mehr zu mir selbst. „Charlotte Strohbach?", fragte mein Vater, dem sichtlich daran gelegen war, das Thema zu wechseln.

Also erzählte ich von Charlotte Strohbach. Von unseren gemeinsamen Nachmittagen und Scrabble-Partien. Dass sie sich darüber beschwerte, nichts mehr zu sehen, am Ende aber doch jeden Buchstaben angelegt hatte. Dass wir uns darüber stritten, ob es nun „neidig" oder „neidisch" heißen musste. Und dass sie sich, im Gegensatz zu mir, freute, wenn sie ein X oder ein Y aus dem grünen Stoffbeutel zog. Ein X oder ein Y gab schließlich acht Punkte.

„Sie scheint in ihrem Leben noch jede Herausforderung angenommen zu haben“, sagte ich und dachte an das Leben, das sie hatte und alles andere als leicht gewesen war. „Vielleicht ist sie deshalb so alt geworden.“

Mein Vater schwieg eine Weile. „Da hast du ja schon eine Menge Erfahrungen gemacht“, sagte er dann. „Ja“, sagte ich. „Das ist toll, einen solchen Menschen zu treffen.“ – „Hmmm“, machte mein Vater, ohne weiter darauf einzugehen. „Sag mal, hast du dich eigentlich auf die Anzeige beworben, die ich dir damals geschickt habe?“

Die Stellenanzeige. Richtig. Sie lag irgendwo in Tel Aviv, wahrscheinlich auf dem Regal, zwischen meinen Hebräisch-Hausaufgaben. „Nein“, sagte ich zögernd. Aber immerhin. Ich hatte sie nicht weggeschmissen. „Du hättest dich ja wenigstens mal melden können“, sagte er vorwurfsvoll. „Ich mache mir schließlich auch meine Gedanken.“ – „Ich ...“ – „Hast du denn überhaupt eine Vorstellung, was du danach machen willst?“, fragte er. „Oder hast du vor, den Rest deines Lebens Scrabble zu spielen?“ Um mein easy talking war es geschehen.

„Was meinst du damit?“, fragte ich ihn. Und mich selbst: Wie hatte ich nur etwas anders erwarten können? „Nichts. Nur. Ich denke, die Ferien sollten langsam mal vorbei sein“, sagte er bestimmt. „Du wirst schließlich auch nicht jünger, und deine Karriere solltest du nicht aus dem Blick verlieren.“

Und da war es wieder. Mein ganzes vorheriges Leben. Mit jähem Schmerz erwachten alle dazu gehörigen Gefühle aus ihrer Betäubung. Eben diese Gefühle hatte ich Noa vor einer knappen Woche beschreiben wollen, als wir im Tola'at Sfarim saßen, damals waren sie mir so fremd vorgekommen. Hier und Jetzt. Alles anders. Auf einmal war Tel Aviv unvorstellbar weit weg.

„Ich habe auch schon mit Karl gesprochen“, sagte mein Vater. „Er würde dich zurück in die Kanzlei nehmen. Nun, ob das mit der Partnerin jetzt noch was wird, ist nicht sicher. Aber damit musstest du ja rechnen.“

Am meisten ärgerte ich mich darüber, dass ich vorher so viel geplappert hatte. Die alte Dame. Scrabble. Ein X und ein Y. Ohne Punkt und Komma. Wie hatte ich mich nur in die Vorstellung verrennen können, dass diese Geschichte hier einen Platz hatte. Am liebsten hätte ich jedes einzelne Wort wieder eingesackt, in den grünen Stoffbeutel gesteckt und alle Buchstaben für mich behalten. Dann dachte ich an Charlotte Strohbach, die Herausforderungen des Lebens und daran, dass es für X und Y acht Punkte gab. Ich suchte nach Worten, die ich dagegen setzen konnte, versuchte Buchstaben aneinander zu reihen. Doch genauso wie ich eben meinen Mund nicht halten konnte, bekam ich ihn jetzt nicht mehr auf. Das machte es nicht unbedingt besser.

„Denk mal in Ruhe darüber nach“, sagte mein Vater in seinem abschließenden Plädoyer. „Schließlich musst du auch von irgendetwas leben.“ Danach schien er es für die beste Strategie zu halten, seine Worte erst einmal wirken zu lassen. Dabei hatten sie ihre volle Wirkung schon entfaltet, sie tobten in mir und richteten dabei einen gehörigen Flurschaden an. Schade. Ich wäre jetzt gerne jähzornig gewesen. Wie viel einfacher wäre dann alles. Wäre ich jähzornig, könnte ich jetzt schreien. Ihn wissen lassen, dass ich kein Kind mehr war und er endlich aufhören sollte, mich als ein solches zu behandeln. Wäre ich jähzornig, könnte ich ihm zubrüllen, dass er sich seinen Karl irgendwohin stecken konnte und dass es ein Leben jenseits der Paragraphen gab. Wäre ich jähzornig, würde ich brüllen, alles raus damit, ihn dann im Schnee stehen lassen, nach Hause gehen und die Türe meines Zimmers hinter mir zuknallen.

Doch ich war nicht jähzornig, nicht tobsüchtig, schon gar nicht hysterisch.

So etwas gab es bei uns nicht. Ich hatte Jura studiert. Ich war ein erwachsener Mensch. Ich war Rechtsanwältin. Ich war in der Lage, meine Gefühle zu sortieren. Ich fühlte mich wie eine Fünfjährige.

Ein kleines Mädchen an der Hand seines Vaters, wie auf dem blauen Straßenschild, stapfte ich durch den Schnee. Alles schrie in mir, doch ich wusste, bevor ich etwas sagen konnte, würde ich in Tränen ausbrechen. Und das war etwas, was es bei uns auch nicht gab.

Als wir nach Hause kamen, schmückte meine Mutter gerade den Weihnachtsbaum ab und warf uns einen besorgten Blick zu. Schweigend lief ich die Treppen hoch, ging in mein Zimmer und schloss die Türe hinter mir ab.

Januar

Sechster Monat, in dem ich mich frage, ob man Heimweh in zwei Richtungen haben kann und Noa sich dem Kung-Fu zuwendet.

Ich hatte mir einen Fensterplatz geben lassen. In den vergangenen Tagen hatte ich, ohne es zu wissen, darauf gewartet, in einer der Maschinen zu sitzen, die ich immer vom Strand aus gesehen hatte. Am Himmel über dem Meer machten sie eine letzte Schleife, vielleicht als kleiner Appetithappen, die Liegestühle im Sand ein Gruß aus dem Cockpit, um dann in Ben Gurion zu landen. Zu Silvester war ich von Köln nach Berlin gefahren, dort war es seit Tagen nicht hell geworden, der Wind blies aus dem Osten, und ich fragte mich, ob man Heimweh in zwei Richtungen haben konnte. Ich fühlte mich gestrandet, irgendwo auf einer Sandbank zwischen Berlin und Tel Aviv. Hier wie dort war ich nicht zu Hause, nicht mehr oder noch nicht. Als die Maschine schließlich sanft auf israelischem Boden aufsetzte, klatschte ich wie all die anderen Passagiere.

Kaum war ich in der Wohnung, stellte ich die Reisetasche in den Flur, warf meinen Rollkragenpulli aufs Bett und zog die Türe hinter mir zu. Der Himmel war blau, es war angenehm warm, und die Sonne würde zu früh wieder untergehen. Ich lief den Boulevard Ben Gurion hinunter, vorbei an den Kiosken, die von kaffeetrinkenden Menschen umstellt waren. Mein Schritt war viel zu schnell für Tel Aviv, hier schien die Sonne, hier ging man nicht, man schlenderte, und das entspannt, es gab keinen Grund sich zu beeilen. Nur ich wollte das Meer sehen.

Als ich das Ende des Boulevards erreichte, verzieh ich der Stadt einmal mehr ihren *Kikar Atarim* – einen weißen Elefanten, den man breitbeinig vor den Strand gestellt hatte. Die Siebzigerjahre hatten den Beton hier fließen lassen, ursprünglich sollte der Platz eine Einkaufspassage sein, ein sanfter Übergang zwischen Stadt und Meer. Mittlerweile aber waren die Fenster der wenigen Restaurants verrammelt, Bauzäune säumten den Platz, und niemanden störten die Graffitis an den Wänden. Auf mich wirkte der Platz wie ein Ufo, das irrtümlich gelandet war, und aus irgendeinem Grund nicht wieder abhob. Offensichtlich war ich damit nicht allein. Shlomo Lahat, der frühere Bürgermeister von Tel Aviv, hatte im ersten Golfkrieg die Hoffnung geäußert, eine irakische Rakete möge den Atarim treffen. Glücklicherweise waren seine Pläne zur Stadtsanierung niemals aufgegangen.

Was man dem Platz allerdings zugute halten musste, war, dass sich von hier oben der Blick aufs Meer öffnete. Ich lief die Treppen hinunter und hörte schon von weitem die kleinen Gummibälle, die von einem Holzschläger auf den anderen flogen. Bang – der Ball flog hin – bang – und wieder zurück – bang – bang – bang. Das harte Knallen der Bälle gehörte zum Strand wie das Schlagen der Wellen. *Matkot* nannten sie das Spiel.

Ich zog meine Schuhe aus und lief barfuß durch den festen Sand, immer an der Linie entlang, zwischen Land und Meer. Ich ließ die noblen Bettenburgen links liegen und richtete meinen Blick nach rechts, auf den Horizont. Eine ältere Frau im Bikini lief vor mir ins Meer, rannte, um auf dem Weg dorthin nicht den Mut zu verlieren, ein Mann rief ihr hinterher: *„Kol hakavot“*, was so viel hieß wie Lob und Anerkennung. Als die Frau nicht verstand, versuchte er es noch einmal, auf Französisch. „Bravo, Madame, bravo.“

Offensichtlich war er einer der wenigen Israelis, die sich damit abgefunden hatten, dass die Franzosen langsam ihren Strand übernahmen.

Kurz bevor ich das Dolphinarium erreichte, klingelte mein Telefon. „Wo bist du?", fragte Noa. Ich hielt mein Telefon in den Wind. „Am Meer", sagte sie ohne zu raten. „Ja. Ich bin wieder da."

Zugegeben, das mit der Sonne war nur die halbe Wahrheit. Kaum war sie nämlich untergegangen, saß ich in der Kälte. Nachts sanken die Temperaturen auf ungewöhnliche zwei Grad, und im Radio sagten sie, dass sich die Jungs vom Pizzaservice weigerten, auf ihren Mofas die Margaritas auszufahren. Was mich ein wenig enttäuschte, aber echte Machos waren eben auch nicht mehr das, was sie mal waren.

Wirklich kalt war es eigentlich nur in unserer Wohnung. Dem Mauerwerk fehlte jegliche Isolierung, und der Boden unter meinen Füßen war aus Stein, es gab nichts, woran sich die Wärme hätte festklammern können. Mir schien, dass die Wände genauso froren wie ich selbst. Nach drei Nächten, aus denen ich mit einer eiskalten Nase erwacht war, beschloss ich, dass ich so nicht weiterleben wollte. Ich kaufte einen Heizkörper auf Rollen, der mir fortan durch die Wohnung folgte wie ein kleiner Hund. Alón und Orí wussten die Investition zu schätzen und suchten meine Nähe. Die alten Stromleitungen hingegen hatten unter meinem neuen Gefährten zu leiden, erbarmungslos saugte er den Saft aus ihnen, presste sie förmlich aus, was sich wiederum die Sicherungen nicht gefallen ließen, und aus Rache mehrmals täglich raussprangen.

Als ich meinen Dienst im Hause Strohbach wieder antrat, wartete die alte Dame bereits in Hut und Mantel auf mich. Sie erzählte mir, dass am Tag zuvor eine Freundin gestorben sei und man ihr zu Ehren eine Gedenkstunde im Cameri-Theater abhalten werde.

„Alle sterben sie mir weg“, sagte sie, als wir ins Taxi stiegen. „Achtzig, vielleicht auch mal neunzig, viel älter ist mir keine von ihnen geworden. Und ich hatte so schöne Freundschaften“, sagte sie, wobei sich in die Verzweifelung eine kleine Portion Stolz mischte und ich mir wieder einmal vor Augen führte, dass sie selbst schon seit zwanzig Jahren über achtzig war. „Und jetzt auch noch die Chani ...“

Chani hieß im richtigen Leben Hannah Adam und war eine gefeierte Schauspielerin auf den Bühnen des Landes gewesen. Charlotte Strohbach hatte sie vor mehr als siebzig Jahren an Bord der Tel Aviv kennengelernt. Auch Chani war alleine auf diese Reise gegangen, und als sie in Palästina anlegten, hatte Charlotte Strohbach ihre jüngere Freundin davon überzeugen können, dass auch sie in einem *Kibbuz* nichts verloren habe. „Du musst etwas aus deinem Leben machen“, zitierte die alte Dame sich selbst. „Das habe ich der Chani immer gesagt.“

In den ersten Jahren hatten sich die beiden Frauen ein Zimmer geteilt. Charlotte Strohbach hatte bald eine Anstellung in einer Gaststube gefunden, nahe des *Shuk Ha'-Carmel* in Tel Aviv. Ein Jahr lang hatte sie dort gespült, dann kündigte der Koch, sie packte die Rezepte ihrer Mutter aus der Kiste und kochte von da an Kohlrouladen, Pasteten und gefillte Fisch. Für Chani fanden sie eine Anstellung in einem Tante-Emma-Laden in der Trumpeldor Straße. Nachdem die Gäste Charlotte Strohbachs Küche lange genug gelobt hatten und der Wirt trotzdem nicht mehr zahlen wollte, machte sie sich selbständig, kochte zu Hause und belieferte unter anderem das legendäre Café Casit in der Dizengoff Straße. Dort traf sich die Bohème des jungen Tel Aviv.

„Stellen Sie sich vor, auch für Bronislaw Huberman und Arturo Toscanini habe ich gekocht, als sie damals in

Tel Aviv waren“, sagte Charlotte Strohbach. Toscanini hatte ihr sogar ein Angebot gemacht, er mochte ihre Küche und wollte, dass sie auf seinen Tourneen für ihn kochte. Doch sie gab ihm einen Korb. „*Lama* ... warum?“, fragte ich. „*Lama lo* ... warum nicht?“, schoss sie zurück. Dann schwieg sie kurz und sah mir ernst in die Augen. „Wir sprechen doch ganz offen miteinander, oder?“ Ich nickte. „Sollte ich hier vielleicht wieder weg? Wo man mich zu Hause gerade rausgeschmissen hatte? Hier war ich schließlich in Sicherheit.“ Also kochte sie weiter in Tel Aviv, und Chani wechselte ins Café Casit als Kellnerin. Unter den Stammgästen war die Grande Dame des Habima-Theaters, die sie gemeinsam davon überzeugen konnten, Chani Unterricht zu geben.

Jetzt stand ihr Sarg auf der Bühne im Großen Saal, er war bedeckt mit der israelischen Flagge, ein Mann spielte auf dem Klavier. Hannah Adam hatte zum ersten Ensemble des Cameri-Theaters gehört, mit der Mutter Courage ihren Durchbruch erlebt und schließlich alle großen Rollen gespielt. Wir setzten uns auf zwei Plätze am Rand. Der Intendant sprach ein paar Worte, dann gingen jeweils vier Menschen auf die Bühne, stellten sich an eine Ecke des Sarges, um Hannah Adam die letzte Ehre zu erweisen.

Ich sah Charlotte Strohbach fragend an. „Später“, sagte sie.

Als die Lichter angingen und die anderen Gäste den Saal schon längst verlassen hatten, blieben wir auf unseren Plätzen sitzen. Charlotte Strohbach schien in einer vergangenen Welt versunken.

„Sie war wie eine kleine Schwester für mich“, sagte sie schließlich. „Es war kein leichtes Leben, das sie hatte, aber sie hat etwas daraus gemacht.“ – „Hatte sie denn Familie?“, fragte ich. „Ach, das ist eine traurige Geschichte. Sie hat diesen Mann geliebt. Sie haben sich in Frankreich kennengelernt, als sie mit der Mutter Courage auf Tournee war. Er war ein echter Franzose. Ich habe ihn einmal getroffen, er hat sie in Israel besucht, sehr charmant, sage ich Ihnen. Doch sie wollte hier nicht mehr weg. Und er wollte nicht in Israel leben. Die alte Geschichte. Was hätten sie auch machen sollen? Sie waren Schauspieler, sie konnten beide nicht ohne ihre Sprache leben", sagte sie und steckte ihre Brille zurück in die Handtasche. „Sie hat ihn wohl niemals vergessen."

Als der Pianist zurück auf die Bühne kam, um seine Noten einzupacken, erhob sich die alte Dame schwerfällig aus ihrem Sitz. Ich nahm ihren Arm und gemeinsam kletterten wir die Stufen hinauf auf die Bühne. Schweigend legte sie ihre Hand auf die Fahne.

„Lassen Sie uns noch einmal in ihre Garderobe gehen", sagte sie nach einer Weile und führte mich an dem Sarg vorbei, durch die Kulissen von Laubwäldern und die dicken Kordeln des Vorhangs. Hinter der schweren Feuertür herrschte reger Betrieb, Menschen eilten von rechts nach links über die Gänge, mit Kleiderbergen über den Armen, offensichtlich liefen gerade Proben, doch niemand schien daran Anstoß zu nehmen, dass auch wir hier unterwegs waren. Als wären wir ein Teil der Landschaft. Wir liefen langsam an den Garderoben vorbei, die alte Dame blieb vor jeder Türe stehen, bis sie schließlich sagte: „Ach, ich glaube, hier muss es sein."

Vor dem Zimmer drängten sich Journalisten, die offenbar die gleiche Idee gehabt hatten wie wir, doch Charlotte Strohbach ging zielsicher durch die Meute hindurch. In der Garderobe standen drei Schminktische, einer von ihnen war mit schwarzem Trauerflor geschmückt, daneben stand eine Kleiderbüste mit einem reich bestickten, weißen Kleid. An dem Spiegel sah ich ein Foto in schwarz-weiß, es zeigte eine junge Frau mit einem Strauß langer Rosen, daneben eine andere Frau, die sie im Arm hielt. Ich erkannte die hohe Stirn wieder, den festen Blick, es war das Gesicht der jungen Charlotte Strohbach. Meine Augen glitten von dem Foto zu den alten Programmheften und vergilbten Zeitungsartikeln, als ich im Spiegel das Gesicht eines Mannes sah. Irgendwie kam er mir bekannt vor. Keine Ahnung. Ich konnte mich nicht erinnern. Woher? Dann richtete er seine Kamera auf mich.

Als ich mich umdrehte, sah er mir direkt ins Gesicht. „Bang ...“, sagte er mit einem sicheren Lächeln. „Siehst du, ich stehe immer hinter dir ...“ – „*Bidiuk* ... genau, du und dein drittes Auge.“ Er hob seine Kamera in die Höhe. „Es findet dich überall.“

In diesem Augenblick hörte ich meinen Namen rufen und sah zu Charlotte Strohbach hinüber. Sie hatte sich auf einen Stuhl in der Garderobe gesetzt und winkte mich zu sich hinüber. Der Fotograf folgte meinem Blick. „Vielleicht ist sie eifersüchtig“, sagte er herausfordernd. – „*Ulai* ... vielleicht ...“, gab ich zurück, verabschiedete mich und ging zu ihr.

„Wer war denn der junge Mann da gerade?“, fragte sie, als wir durch den Bühneneingang nach draußen gingen. „Keine Ahnung.“ – „Haben Sie gesehen, er ist ein bisschen größer als Sie“, sagte sie, und ich wunderte mich über die plötzliche Sehkraft. „Das ist wichtig, wissen Sie ...“

Auf dem Flohmarkt in Yafo sah ich mich schließlich nach einem Bettgestell um. Ich lag nun schon seit fast einem halben Jahr auf einer Matratze am Boden, so sollte es nicht weitergehen. Ich lief durch die Gassen, fand Betten aller Jahrzehnte und entschied mich schließlich für ein schmiedeeisernes Gestell, das vergessen in einer Ecke hinter einem Schaukelpferd stand. Mit dem Händler feilschte ich so lange, bis er mir das Bett nach Hause brachte.

Dritter Stock. Ohne Aufzug. Sagte ich nicht.

Noa stand in ihrem Café, hinter der Theke, schäumte heiße Milch, telefonierte auf ihrem Handy und begrüßte mich überschwänglich. „*Neshikot* ... Küsse“, sagte sie ins

Telefon und legte auf. „Bo'az?", fragte ich. „Bo'az? ... nein", sagte sie, verwundert über meine Frage und drückte mir einen Kuss auf die Wange. Mit Bo'az war längst Schluss, aus Gründen, auf die es sich nicht weiter einzugehen lohnte. Es hatte einen großen *balagan* gegeben, aber nicht weiter tragisch, Bo'az war nur einer von vielen *balagans* in ihrem Leben. Aus gegebenem Anlass hatte sie inzwischen von Taekwondon zu Kung-Fu gewechselt. „Netter Trainer ...", sagte sie und verschwand grinsend an den Tischen.

„Na, und wie war Weihnachten?", fragte sie, als sie wieder hinter der Theke stand. „Frag nicht. Weihnachten war noch schön. Alles, was danach kam, war grausam."

Und so erzählte ich ihr von dem Spaziergang im Schnee. Er saß mir noch immer tief in den Knochen. Daran hatte auch Tel Aviv nichts geändert. Morgens wachte ich nervös auf. Es war diese heimtückische Nervosität, die meine Wehrlosigkeit gnadenlos ausnutzte, in den frühen Morgenstunden, wenn ich langsam aus meinen Träumen glitt. In genau diesem Moment schlug sie zu, auf der Schwelle zwischen Schlafen und Wachen, und erinnerte mich an meine Zukunft.

„Hahorim, ma la'aßot?", sagte Noa, nachdem ich ihr die ganze Geschichte geschildert hatte. „Die Eltern, was kann man machen?" *„Ayin ma la'aßot*, fürchte ich ... da kann man nichts machen." – „Und deine Mutter? Was sagt die dazu?" Meine Mutter hatte mich vor ein paar Tagen angerufen, offenbar in dem Bestreben, zwischen den beiden Parteien zu vermitteln. „Sie sagt, er mache sich halt seine Gedanken. Seine Sorgen. Dieser ganze Kram." – „Tut ihm bestimmt schon leid, kann ich mir vorstellen, da bist du ein paar Tage zu Hause und schon bekommt ihr Krach." – „Wir haben doch noch nicht einmal Krach bekommen. Ich habe geschwiegen wie ein blödes Schaf. Keinen Ton habe ich gesagt." – „Als wenn das nötig wäre. Mein Vater wüsste auch so, was läuft. Die Jungs kennen uns schließlich lange ge-

nug." Mein Vater, einer von den „Jungs", ich musste lachen. Das machte alles gleich etwas weniger bedrohlich. „Aber dein Vater ist entspannter, oder?" – „Meine Eltern sind cool. Vielleicht ist das der Vorteil, wenn man in einem Kinderhaus groß geworden ist", sagte Noa und verschwand wieder zu ihren Gästen. „Da lernen die Eltern von Anfang an, einen in Ruhe zu lassen."

Das war die erste wirklich gute Nachricht, die ich aus dem Kinderhaus hörte. Alle anderen Freunde, die in den Siebzigern in einem *Kibbuz* und damit im Kinderhaus aufgewachsen waren, hatten ein Trauma davongetragen. Schlaflose Nächte, durchnässte Pyjamas und heimliche Ausbrüche. Im *Kibbuz* wurden die Säuglinge damals wenige Tage nach der Geburt ins Kinderhaus gegeben, die Eltern arbeiteten weiter für die Gemeinschaft, durften ihre Töchter und Söhne nur ein paar Stunden am Nachmittag sehen. Noa sagte immer, das Kinderhaus sei etwas für starke Kinder gewesen.

Ich sah zu ihr hinüber, wie sie die Gäste von ihrer Speisekarte überzeugte. Sie war ein starkes Kind gewesen, daran hatte ich keinen Zweifel. Ich sah ihren kräftigen Körper, der draußen, in den Sonnenblumenfeldern groß geworden war. Noa begegnete meinem Blick, sah in Richtung Theke, als hätten ihre Sinne etwas wahrgenommen, ohne genau zu wissen, was es war. Dann klingelte ihr Telefon ein zweites Mal. Jetzt hörte auch ich es. Noa unterbrach den Service und stürzte in Richtung Klingeln.

„Hey, ma kore …?", fragte ich. „Hey, was ist los …?" Als sie bei ihrem Telefon angekommen war, gab es schon wieder Ruhe. Dabei hatte sie mir noch nicht einmal verraten, auf wessen Anruf sie eigentlich wartete. Entnervt hielt sie das Telefon in der rechten Hand, während zwei Kaffeetassen auf den Boden stürzten, die bis dahin auf dem Tablett in ihrer linken Hand gestanden hatten. Sie sah mich aus großen Augen an. *„Shiva veneshiva"*, sagte ich mantrahaft,

„einatmen und ausatmen“, wobei ich so viel Beruhigung wie möglich in meine Stimme legte. „Vielleicht solltest du es auch mal mit Yoga probieren.“ – „Ach, du und dein Yogakadabra“, sagte sie abfällig. „Na ja, wenigstens habe ich eine Yoga-Lehrerin.“

Februar

Siebter Monat, in dem ich kein Kleid kaufe, ein Mann ein Haus baut und Lahme plötzlich gehen.

Draussen regnete es. Nein, es regnete nicht, es schüttete. Und das seit mindestens drei Tagen. Offenbar hatte der Himmel nun doch beschlossen, den See Genezareth noch einmal aufzufüllen, bevor es Frühling wurde. Der See war die einzige Süßwasserquelle des Landes und hatte in diesem Winter kaum Regen gesehen. Was ich persönlich nicht weiter schlimm fand, denn so blieben mir graue Tage erspart. Den Israelis aber, die sich hier nun einmal besser auskannten, war es ein Grund zur Sorge. Eine ganze Weile hatte sich der Himmel ihren Hoffnungen verschlossen, doch umso weiter öffnete er sich nun und schickte Wasser auf die Erde.

Die Straßen hatten sich in reißende Fluten verwandelt. Sie rissen den Dreck der Stadt mit sich, und man brauchte erst gar nicht versuchen, trockenen Fußes von einem Bürgersteig auf den anderen zu wechseln. Die Kanäle unter der Straßendecke waren weit davon entfernt, die Wassermassen in sich aufzunehmen, und fast schien es, als sei diese Regenzeit wieder einmal aus heiterem Himmel über Tel Aviv hereingebrochen. Ich war sicher, demnächst würde die Arche Noah hier vorbeischippern.

Um mich vom Regen nicht in die Tiefe reißen zu lassen, beschloss ich, gut zu mir zu sein und einkaufen zu gehen. Ich zog meine wasserdichten Wanderschuhe an, nahm den großen Regenschirm und watete durch die dichten Pfützen zur Dizengoff. Dort angekommen winkte ich dem *Sherut* Nummer 5, also einem gelben Mini-Bus, der mich für fünf Schekel und fünfzig Agorot durch die Stadt fahren würde. Einen *Sherut* konnte man wie ein Taxi anhalten, was er auch tat, so er einen freien Platz hatte.

Mit einem langen Hebel öffnete der Fahrer vom Steuer aus die Beifahrertür und ich setzte mich auf einen der letzten Plätze ganz hinten. Vor mir, in der linken Bankreihe, saß eine junge Frau, deren iPod den ganzen Bus beschallte, ohne dass es irgendjemanden gestört hätte. Ich klopfte ihr auf die Schulter und drückte ihr einen Hundert-Schekel-Schein in die Hand, woraufhin sie den Stöpsel aus dem Ohr zog und mich fragend ansah.

„Pá'am achát?", fragte sie. *„Pá'am achát* ... einmal", sagte ich.

Sie drehte sich zurück nach vorne und klopfte auf die Schulter vor ihr. Die Schulter gehörte einer orthodoxen Jüdin, deren junges Gesicht unter der schweren Perücke merkwürdig statisch wirkte. Für einen Augenblick unterbrach sie ihre murmelnde Lektüre und sah die Frau mit dem iPod fragend an.

„Pá'am achát?", fragte sie. *„Pá'am achát"*, sagte die Frau mit dem iPod.

Inzwischen war ein neuer Passagier zugestiegen, er trug volle Plastiktüten in seinen Händen, schwitzte trotz des Regens und setzte sich auf die Rückbank neben mich. Während sich das Fleisch seiner Oberschenkel über meine Beine wölbte, begann er seinen Zahlvorgang über die rechte Bankreihe nach vorne.

Pá'am achát. – Pá'am achát. – Pá'am achát.

Mein Hundert-Schekel-Schein war derweil bei dem kleinen Jungen angelangt, der auf dem Sitz gleich hinter dem Fahrer saß. Er trug eine samtene Kippa auf dem Kopf und war offenbar der Sohn der Frau mit der Perücke.

„Pá'am achát", sagte seine Mutter zu ihm. *„Pá'am achát"*,

sagte der Junge gewissenhaft zum Fahrer. Ohne sich umzudrehen streckte der seinen rechten Arm aus und drehte die offene Hand nach hinten. *„Pá'am achát?"*, fragte er ungläubig, wobei er abwechselnd auf die nasse Straße und das große Geld blickte. „Kann jemand wechseln?", schrie er nach hinten in den Bus und gab sich keinerlei Mühe, seinen Unmut zu verbergen. Am Ende hatte er alle Münzen und Scheine zusammen und reichte sie in zwei Raten zurück zu mir. Der kleine Junge, die Frau mit der Perücke, die Frau mit dem iPod und ich.

„Efschar laredet ...", sagte ich schließlich, als wir am östlichen Ende der Sheinkin waren. „Kann ich aussteigen ...?"

Von nun an wollte ich mir ein Beispiel an Charlotte Strohbach nehmen und das Haus nicht mehr ohne Lippenstift verlassen. Ich fand, damit konnte man nicht früh genug anfangen. Am Eingang zur Superpharm in der Sheinkin öffnete ich routiniert meine Handtasche, der Wächter warf einen gelangweilten Blick hinein und überließ mich mir selbst. Die russische Verkäuferin dagegen hatte schon den ganzen Vormittag zwischen Parfüms, Haarspangen und Warmwachs auf mich gelauert. Sie wich mir nicht von der Seite und zeigte sich überzeugt, dass der beste Lippenstift gerade gut genug für mich war. Jede Frage nach einer günstigeren Variante quittierte sie mit einem vernichtenden Blick aus ihren perfekt geschminkten Augen. Kaum hatte ich an der Lippenstift-Theke einen dunkelroten No-Name gegriffen, nahm sie ihn mir auch schon aus der Hand und gab mir stattdessen drei hochwertige Markenartikel.

„Get three, pay two", sagte sie in gebrochenem Englisch und wies auf die riesige Papptafel neben der Kasse. Ich stellte mich autistisch und malte mir mit dem Zeigefinger den dunkelroten No-Name auf die Lippen, als ich ein hartes Metall in meiner Seite spürte. Ich drehte mich um und sah in das farbenfrohe Gesicht einer Rekrutin. Unbehelligt von der russischen Observation hatte sie die Produktpalette offenbar in aller Ruhe auskundschaften können.

„*Slichá* … Entschuldigung“, sagte sie lächelnd, rückte das Sturmgewehr zurecht, das sie über der Schulter trug, und widmete sich wieder ganz der Frage, ob der rosa Lippenstift zu ihrer olivgrünen Uniform passte.

Ich lief die Sheinkin Straße weiter hinunter, vorbei an Cafés und Klamotten, entdeckte schließlich in einem Schaufenster dieses taubenblaue Kleid.

Als ich aus der Kabine kam, lächelte die Verkäuferin bereits mitleidig. Sie war jünger als ich, hätte genauso gut in einem Laden auf der Berliner Kastanienallee stehen können und war keine von denen, die einem Klamotten verkauften, die man schon einen Tag später nicht mehr anzog. Das Kleid war wunderschön, kein Zweifel daran, doch für diesen Schnitt brauchte man die Figur einer Sophia Loren. Und die hatte ich nicht. Das sahen wir beide. Erschwerend hinzukam, dass meine Beine inzwischen wieder leichenblass waren und in dicken Wollsocken steckten, was wiederum nicht zu der roten Farbe auf meinen Lippen passen wollte. Ich fühlte mich von den großen Spiegeln umzingelt.

Wie um mich von mir selbst abzulenken, fragte die Verkäuferin, wo ich herkäme. „Aus Berlin“, sagte ich und machte ihre Augen glänzen. Berlin, Berlin, das war „*mashu, mashu*“, „etwas, etwas“. Bislang hatte ich in Tel Aviv noch niemanden getroffen, der sich nicht für meine Stadt begeistert hätte. „Schneit es gerade in Berlin?“, fragte sie und vertraute mir an, dass sie ihrem Freund zum Dreißigsten eine Reise schenken wollte. Vielleicht nach Berlin. „Ist gerade keine gute Zeit für Berlin“, sagte ich, das depressive Grau vor Augen. „Fahrt lieber im Sommer. Der Sommer in Berlin ist unschlagbar.“

Sie hatte schon viel von Berlin gehört. Wollte unbedingt zum Prenzlauer Berg, nach Mitte und Kreuzberg. Außerdem lebte ihr Onkel dort, er war seit vielen Jahren mit einer Deutschen verheiratet. „Ich weiß nicht“, sagte sie. „Seine Frau ist konvertiert. Sie erziehen ihre Kinder jüdisch und alles. Aber irgendwie.“ – „Irgendwie, was?“, fragte ich. „Entschuldige, dass ich das so sage. Ich will nicht unhöflich sein.“ Inzwischen hatte ich gelernt, dass dieser Satz keine Entschuldigung war. Er war eine Warnung und zwar eine ernstzunehmende. In der israelischen Gesprächstechnik galt diese Einleitung gewissermaßen als Freibrief für alles, was man immer schon mal sagen wollte. *„Nú ...?“*, fragte ich, als müsste ich ihr noch Mut machen. „Also ...?“ – „Für die Kinder muss das doch komisch sein. Eine deutsche Mutter zu haben. Ich, an ihrer Stelle, würde mich jedenfalls immer fragen, ob mein einer Großvater den anderen umgebracht hat.“

Im Spiegel sah ich mein müdes Gesicht, meine bleichen Schultern und kam mir plötzlich unglaublich nackt vor. Die Verkäuferin aber war nicht mehr zu bremsen, auch wenn ich sie jetzt gerne daran erinnert hätte, nicht unhöflich zu sein.

„Hier in Tel Aviv kenne ich viele deutsche Frauen, die mit einem israelischen Mann zusammen sind“, sagte sie. „Ich glaube ja, sie machen es alle nur deshalb.“ – „Sie machen was? Weshalb?“, fragte ich, inzwischen auf das Schlimmste gefasst. „Sie machen es alle nur wegen der Schuld.“ Als auch das gesagt war, hielt sie endlich ihren Mund. Wir sahen uns betreten an. Mit einem Mal hatte sie es wahnsinnig eilig, an den Kleiderständer zu kommen und mir andere Modelle zu zeigen. Doch ich wollte nur noch zurück in meinen Rollkragenpullover.

Ich beschloss, das mit dem Einkaufen für heute gut sein zu lassen, und rief Alón an. Wir verabredeten uns eine Stunde später im Hanaßich Hakatan, im Kleinen Prinzen. Das Café lag an einer kleinen Straße an der Ha-Melekh George. Es war mehr ein Wohnzimmer als ein Café, ein modernes

Antiquariat, auf dem Boden lag altes Parkett und die Regale reichten bis unter die Decken. Rücken an Rücken standen gelesene Bücher darauf, in Hebräisch, Französisch, Russisch und Deutsch. Im Hintergrund spielten die Beatles.

Ich setzte mich an den Tisch in der Ecke, durch das Fenster zog der feuchte Wind. Im Garten sah ich einen grünen Sonnenschirm verweht am Boden liegen, wie ein Relikt aus längst vergangenen Zeiten. Am Ende der kurzen Straße stand ein schönes, wenn auch verfallenes Haus. Ein goldener Löwe wachte davor, dessen Augen in der Nacht rot glänzten. Das Haus hatte Mayr Getzel Chapira, ein reicher Geschäftsmann aus Detroit, in den Zwanzigerjahren für seine Frau Sonja gebaut. Weil er sie über alles liebte. Er baute einen Bürgersteig für sie, damit sie nicht auf Sand gehen müsse. Wollte auch die Straße nach ihr nennen, die auf das Haus zuführte. Scheiterte dabei aber an Meir Dizengoff, dem ersten Bürgermeister von Tel Aviv. Der verwahrte sich dagegen, dass ein Privatmann einer Straße ihren Namen gab. Und da man sich nicht einigen konnte, nannte man die Straße zunächst Simta Plonit – *Simta* für Allee und *Plonit* als Platzhalter für einen richtigen, endgültigen Namen. Plonit war so etwas wie der John Doe oder Max Mustermann des Hebräischen. Am Ende verließ Sonja Chapira ihren Mann trotzdem. Begann unter einem neuen Namen ein neues Leben. Die Straße hieß bis heute Simta Plonit.

„Alles, was man in Israel provisorisch macht, hält am längsten", pflegte Alón zu sagen und ich musste an unsere WG denken.

Als ich hinter mir seine Stimme hörte. „Hey, *ma kará* … was ist passiert?", sagte Alón und sah mich entgeistert an. „Du siehst schrecklich aus." – „*Toda raba* … vielen Dank." Wobei er vermutlich recht hatte. Meine Haare fühlten sich an, als würden sie mir strähnig nass ins Gesicht hängen, und die knallrote Farbe auf meinen Lippen war inzwischen abgelutscht. Auch egal. Alón hatte mich wahrlich schon in schlimmerem Zustand gesehen.

„Das ist so ein Tag, der mich daran erinnert, dass ich hier nicht hingehöre." Ich erzählte ihm die Geschichte des taubenblauen Kleides. Es war nicht so, dass mir das allzu häufig passierte. Aber es gab sie, diese Momente. Sie brachten das Gefühl der Beklommenheit mit sich. Die Beklommenheit, eine Deutsche zu sein, in Israel. In solchen Augenblicken kam ich mir vor wie eine leere Hülle. Mit einem Etikett versehen, für das ich nichts konnte, das aber bestimmte Gefühle einforderte.

„Soll ich mich vielleicht auch schuldig fühlen?", fragte ich ungehalten. Obwohl Alón ja eigentlich auch nichts dafür konnte. „Nur, weil ich jetzt hier lebe?" – „Komm, nimm es nicht persönlich ..." – „Gar nicht so leicht, das nicht persönlich zu nehmen. Ich bin nun mal eine deutsche Frau. Wen könnte sie denn sonst gemeint haben? Alle deutschen Frauen? Nur ausgerechnet mich nicht?" – „Immerhin. Du bist nicht mit eine Israeli zusammen", versuchte Alón mich zu besänftigen. „Oder habe ich es verpasst?" – „Aber das konnte sie ja nicht ahnen. Hätte doch sein können." – „Wahrscheinlich, sie hat einfach nur so geredet, ohne aufzupassen", sagte er. – „Aber das ist es doch gerade. Ich kann nicht glauben, dass sie so denkt. Die war sympathisch, eine junge Frau, ist total auf Berlin abgefahren. Wenn Charlotte Strohbach so denken würde. Das könnte ich ja noch verstehen. Aber gerade sie, die nun allen Grund hätte, denkt nun mal ganz und gar nicht so."

„Du weißt nicht, wie diese junge Frau groß geworden ist. Vielleicht hatte sie eine Großmutter mit einer Nummer auf dem Arm, vielleicht hat sie von klein auf ihre Geschichte gehört. Genauso wie ihr in Deutschland mit eurer Vergangenheit gefüttert worden seid, sind wir hier mit unserer Vergangenheit gefüttert worden. Als ich zwölf Jahre alt war, haben sie uns in der Schule die Filme aus Auschwitz gezeigt. Die Bilder sind in unseren Köpfen." – „In unseren Köpfen genauso." – „Ich weiß." – „Und soll das immer so weiter gehen? Von den Großeltern zu den Eltern zu den Kindern zu den Kindeskindern. Immer Täter. Immer Opfer. Darauf lässt sich doch keine Beziehung aufbauen", sagte ich. „Oder soll auch Orí noch so groß werden?"– „Komm, nimm sie nicht so wichtig, nicht alle denken so."

Ich dachte einen Augenblick nach. „Weißt du, eigentlich hätte ich sie fragen sollen, ob israelische Männer vielleicht jemanden brauchen, der sich schuldig fühlt", sagte ich. „Aber das fällt mir leider erst jetzt ein." – „Eins sicher ist", sagte Alón und sah mir tief in die Augen. „Für mich, du brauchst dich nicht schuldig fühlen."

Charlotte Strohbach hasste es, wenn ich zu spät kam. Und dieses Mal würde ich zu spät kommen, so viel war jetzt schon klar. Ich hatte Orí zu den Pfadfindern gebracht und lief gehetzt durch die Arkaden am Rabin-Platz, als ich vor dem Tola'at Sfarim den Fotografen wieder traf. Er hatte gerade sein Mofa auf dem Bürgersteig abgestellt und holte seine Kamera aus der Satteltasche. Noch bevor ich entscheiden konnte, ob ich anhalten oder weiterlaufen sollte, stand er auch schon vor mir.

„*Hey, mainyanim* ... wie geht's? Wo warst du so lange, wir haben schon nach dir gesucht", sagte er und hob seine Kamera in die Höhe. „*Hey, mainyanim* ...?" – „Ich habe immer noch dein Foto." – „Ach ja, stimmt ... ich weiß", sagte ich, schon im Begriff weiterzurennen. „Pass auf, ich muss hier nur ganz schnell ein Foto für ein Interview machen", sagte er und zeigte auf die Tische hinter dem großen Fenster des Tola'at Sfarim. „Trinken wir danach etwas?" – „Tut mir leid, aber ich muss zu meiner alten Dame", sagte ich gehetzt. „Bin schon viel zu spät."

„Uuuupsss, na, dann aber mal *tic-tac* ... zack-zack." – „*Mamash* ... und wie", sagte ich und war auch schon so gut wie weg. „Vielleicht ein anderes Mal?“ – „Wie ein anderes Mal?“, rief er mir durch die Arkaden hinterher. „Wie wäre es morgen? Morgen um halb zehn? Oder zehn. Zehn ist besser. Also morgen um zehn, *beséder* ... in Ordnung?“ – „Ja, ja, *beséder*, um zehn“, rief ich ihm über die Schulter zu.

Als ich dort eintraf, hing im Hause Strohbach der Segen schief. Kaum hatte ich die Wohnungstür geöffnet, schlug mir eine ungewohnte Kältewelle entgegen. Mayumi guckte ausdruckslos, packte ihre Handtasche und war auch schon im Treppenhaus verschwunden. Indessen saß Charlotte Strohbach in ihrem Sessel und gab vor, in die Israel-Nachrichten vertieft zu sein.

„Was ist denn hier los?“, fragte ich die alte Dame. Dafür, dass ich gerade mal zehn Minuten zu spät gekommen war, hielt ich eine solche Begrüßung für reichlich übertrieben. „Ach“, sagte sie und ich reichte ihr die Lupe, die bis dahin in sicherer Entfernung auf dem Büffet gelegen hatte. „Ach?“

„Ach“, sagte sie, noch beleidigter als sie ohnehin schon war, und fuhr mit der Lupe über die Schlagzeilen. Ich ließ sie in ihrem Sessel zurück und ging in die Küche. Als ich wieder ins Wohnzimmer kam, war sie immer noch mit der Titelseite beschäftigt. Schweigend stellte ich ihr eine Tasse Hagebuttentee und ein Stück Käsesahne vor die Nase.

„Ich nehme zwei Löffel Zucker“, sagte sie. „Schon drin“, sagte ich, kurz angebunden, ich machte den Job schließlich auch nicht erst seit gestern. Charlotte Strohbach beugte sich über den Tee, schürzte ihre Lippen und prüfte behutsam die Temperatur, ließ sich einen Schluck kaltes Wasser dazu geben. Dann zog sie den Kuchenteller ganz nah zu sich heran und nahm die Käsesahne in Augenschein.

„Der ist nix für sie“, sagte sie schließlich, als sie sich durch das erste Drittel gearbeitet hatte. Ich hatte keine Ahnung, wovon sie sprach. „Das sehe ich auf den ersten

Blick", sagte sie und legte bestimmt ihre Kuchengabel zur Seite. „Der ist nix für sie." – „Wer ist nix für wen?" – „Dieser *Kuschper* …" – „Dieser wer …?" – „Na, dieser junge Mann", sagte sie ungehalten. „Der macht der Mayumi schöne Augen."

Langsam schwante mir, dass es hier um mehr ging als um zehn Minuten. „Wer macht der Mayumi schöne Augen?", fragte ich. „Na, dieser *Kuschper.*"

Folgendes hatte sich zugetragen. Am Vormittag waren einige Sonnenstrahlen hinter den Wolken hervorgedrungen, und Charlotte Strohbach bestand darauf, vor die Türe zu gehen. Mayumi weigerte sich. Sie hielt es für zu kalt, war davon überzeugt, dass sich die alte Dame erkälten würde. Am Ende verständigten sie sich auf einen kurzen Spaziergang, allerdings mit Rollstuhl und Kamelhaardecke.

Sie waren den Shderot Ben Gurion hinaufgelaufen, wo Mayumi einen Freund aus ihrem Kirchenchor traf. Der junge Filipino war ebenfalls mit seinem Schützling unterwegs, sein alter Herr saß in einem Rollstuhl neben der Bank. Mayumi hatte Charlotte Strohbach behutsam ihre Hand auf die Schulter gelegt, um ihr zu bedeuten, dass sie eine kurze Pause machen würden. Dann parkte sie die alte Dame neben dem anderen Rollstuhl und setzte sich selbst zu ihrem Chorbruder auf die Bank.

„Ich, an der Mayumi ihrer Stelle würde die Finger von dem lassen", sagte Charlotte Strohbach sichtlich erzürnt und wandte sich wieder ihrer Käsesahne zu.

In dem anderen Rollstuhl nämlich: saß der *nutnik*.

Den *nutnik* wiederum kannte die alte Dame schon seit mehr als sechzig Jahren. Er wohnte in der Nachbarschaft, nur wenige Straßen entfernt, und hatte ihr lange den Hof gemacht. Erst als „mein Curt" auf den Plan trat und nachdrücklich um Charlotte warb, hatte er sich schließlich abschütteln lassen. Als aber „mein Curt" vor 32 Jahren verstorben war, hatte der *nutnik* neue Hoffnung geschöpft.

Schon zum Ende der *shiva*, der Trauerwoche, war er mit einem großen Strauß Rosen in Charlotte Strohbachs Wohnung aufgekreuzt. Damals hatte sie nicht die Kraft gefunden, ihn hochkantig rauszuschmeißen, doch verziehen hatte sie ihm bis heute nicht. Seit jenem Tag strafte sie ihn mit ihrer ganzen Missachtung.

Und jetzt saß sie hier neben ihm, im Rollstuhl auf dem Shderot Ben Gurion, in eine Kamelhaardecke gefesselt. „Sogar zugeblinzelt hat er mir, dieser Flegel", sagte sie, noch immer aufs Äußerste empört.

Sie hatte Mayumi Zeichen gemacht, mit den Armen gestikuliert, doch Mayumi hatte die Zeichen nicht verstanden oder nicht verstehen wollen. Sie war ganz in ihr Gespräch vertieft. Indessen brabbelte der *nutnik* auf Charlotte Strohbach ein, wobei ihm ein feines Rinnsal Speichel über die Unterlippe lief. Nun endlich, nach all den Jahren, sah er seine Stunde gekommen. Charlotte Strohbach zog sich in sich selbst zurück, stellte sich blind und taub dazu, doch als sich der *nutnik* erdreistete und nach ihren schönen Händen griff, war es um sie geschehen. Angewidert schob sie seinen Arm zur Seite, riss mit aller Kraft die gute Kamelhaardecke von sich und ließ sie auf den Bürgersteig fallen. Sie brauchte zwei oder drei Anläufe, dann aber gelang es ihr, sich über die Lehnen aus dem Sitz hochzustemmen und aus dem Rollstuhl zu entkommen. Mit kleinen Schritten war sie über den Boulevard geflüchtet, während sie laut „kolossal, kolossal" vor sich hinschimpfte. Mayumi war ihr mit dem leeren Rollstuhl hinterhergelaufen, nun ihrerseits wild gestikulierend.

„Ein Flegel, ein wahrer Flegel", sagte sie und führte das letzte Stückchen Käsesahne an ihre Lippen. „Können Sie sich das vorstellen? Abscheulich, ganz und gar abscheulich."

Sie wollte nicht aufhören, ihren Kopf zu schütteln, und ich ging in die Küche, um noch zwei Tassen Hagebuttentee aufzubrühen und nach den Baldrian-Perlen zu sehen.

„Als hätte der es jemals mit meinem Curt aufnehmen können“, sagte sie, als ich zurück war und versank in den Bildern ihrer Erinnerung. „Wissen Sie, ich hatte einen guten Mann.“ Damit war das Gröbste überstanden. So viel wusste ich jetzt. Die Baldrian-Perlen konnte ich vergessen.

„Habe ich Ihnen schon erzählt, wie wir uns kennengelernt haben?“ Ich sagte nichts. „In einer Bibliothek haben wir uns kennengelernt“, sagte sie. Und so nahm die Geschichte ihren Lauf.

Sie hatte in der Bibliothek „Churchill und seine Zeit“ ausleihen wollen. Als das Buch mehrere Wochen hintereinander entliehen war, hatte sie den Bibliothekar gebeten, den langsamen Leser herbeizuzitieren und ihr das Buch auszuhändigen. Dann trat Er in ihr Leben.

Er (in einem charmanten Wiener Dialekt): „Na, junges Fräulein, das Buch können Sie aber nicht alleine lesen.“

Sie: „So. So. Was Sie nicht sagen.“

Einen Tanztee und zwei Jahre später.

Er: „Willst du meine Frau werden?“

Sie: „Aber, wir können doch nicht gleich heiraten. Da müssen wir uns doch erst einmal kennenlernen.“

Einen Sommer später.

Sie: „Ja.“

„Denn wissen Sie“, sagte Charlotte Strohbach, ließ ihren Körper in den Sessel zurücksinken und die Geschichte enden wie ein jedes Mal, „so ein Leben ist lang.“

März

Achter Monat, in dem die Liebe kommt und ich zu einem Engel werde.

„Ma kore?“, fragte Alón ungeduldig. „Was ist los?“, als ich mich zum wiederholten Male in meinen eigenen Sätzen verhedderte. „Du renovierst ja heute die hebräische Sprache.“

Es war Freitag, will sagen der israelische Samstag, wir saßen beim Frühstück und im Grunde war ich gar nicht da. In meinen Gedanken war ich ganz bei dem Fotografen, alles andere drang nur wie ein fernes Echo zu mir. Nach unserem gemeinsamen Kaffee im Tola'at Sfarim hatten wir uns wiedergesehen, ein zweites und ein drittes Mal, inzwischen hatte ich herausgefunden, dass er Gil hieß und für das Stadtmagazin „Ha'Ir“ arbeitete. In mir wuchs das Gefühl, dass das Leben noch etwas mit uns vorhatte.

Ohne wahren Appetit löffelte ich in meinem Müsli und versuchte dabei, so normal wie möglich zu wirken. „Gehen wir heute mein Kostüm kaufen?“, hörte ich Orí fragen. Alón beruhigte seinen Sohn mit der Aussicht, dass es bis *Purim* noch eine Weile sei, und holte die Milch aus dem Kühlschrank. „Alle anderen haben ihr Kostüm aber schon“, sagte Orí. *„Oach matok* ... Süßer“, sagte Alón und strich ihm über den Kopf. „Wir gehen nächste Woche, versprochen.“ – *„Aba* ... Papa“, sagte er mit weit aufgerissenen Augen. „Nächste Woche ist schon fast *Purim*.“ – *„Lo nachon* ... nicht richtig.“ – „Aber warum können wir nicht doch schon heute gehen?“, sagte Orí und setzte sich auf den Schoß seines

Vaters, um seiner Frage Nachdruck zu verleihen. Alón zog ihn an sich und nahm ihn fest in den Arm. „Weil ich heute arbeiten muss. Nächste Woche. Versprochen."

Orí starrte schweigend auf die Marmelade und grübelte darüber nach, was als nächstes zu tun sei. Dann fiel sein hartnäckiger Blick auf mich. Ich begegnete ihm, als meine Augen auf der Suche nach der Butter waren. „Ach *matok* …", sagte ich, langsam aus meinen Gedanken auftauchend. Auf Orís Gesicht legte sich eine gespannte Erwartung. „Als was willst du dich denn eigentlich verkleiden?", fragte ich. Obwohl ich bereits ahnte, *jetzt nur eine falsche Bewegung*, und ich wäre ganz dick im Geschäft. „Ja, genau, als was willst du dich eigentlich verkleiden?", fragte Alón. „Albert Einstein", sagte Orí ohne zu zögern.

Worauf ich auch selbst hätte kommen können. Seit Alón ihm zum Geburtstag dieses ehrgeizige Buch über das Weltall geschenkt hatte, löcherte mich Orí mit komplizierten Fragen nach der Sonne, dem Mond und den Sternen. Im Gegensatz zu mir konnte „*Einstein Hakatan*", der kleine Einstein in dem Buch immer alles erklären.

Wir nahmen also den *Sherut* Nummer 4 in Richtung Levinski-Markt. In dem Viertel rund um den Markt lag ein weit verzweigtes System von Straßen, die sich jeweils einem bestimmten Produkt verschrieben hatten – seien es nun Sofagarnituren, Lampenschirme, Haushaltswaren, Kosmetika oder Büroartikel. Vor *Purim* hatten sich viele der kleinen Läden auf Kostüme und Masken spezialisiert.

Anders als Orí am Morgen behauptet hatte, waren natürlich noch nicht *alle anderen* im Besitz eines Kostüms. Richtig war vielmehr, dass *alle anderen* ihre Eltern an diesem Morgen hierher gebracht hatten, um ein Kostüm zu kaufen. Die kleinen Läden waren auch ohne Kunden schon übervoll, und heute standen die Menschen auf der Straße Schlange, um ihre Kinder zu Piraten, Clowns und Königen zu machen. Drinnen quollen Micky-Maus-Masken und

Hulaketten, Piratenhüte und Plastikschleier aus den Regalen. Orí ließ sich von alledem nicht beirren, richtete seinen Blick in jede Pappkiste und zog endlich eine dichte, weiße Perücke heraus. Er stülpte sie über seine schwarzen Haare, streckte mir zufrieden die Zunge raus und duckte sich vorbei an den anderen Kunden zum Spiegel.

Obwohl ich seit meiner Kindheit unter einem ausgeprägten Karnevaltrauma litt, bestand Orí darauf, dass auch ich mich verkleiden musste. Was waren für ihn schon Helau und Alaaf, Prinzengarde und Funkenmariechen. Auf derlei Empfindlichkeiten konnte er keine Rücksicht nehmen. Am Ende einigten wir uns auf die Flügel eines Engels, die etwas verloren vor einem Schaufenster auf der Straße hingen. Sie waren aus weißen Federn zusammengesetzt und mindestens anderthalb Meter lang.

Mit den Flügeln unter meinem Arm drangen wir zum Herzen des Viertels, auf die Levinski-Straße vor. Einiges deutete darauf hin, dass die Zeit hier irgendwann stehen geblieben war, vermutlich eines schönen Sommertages in den Sechziger- oder Siebzigerjahren. Es war einer dieser alten Kiez-Märkte, die seit Generationen in ihrer geschäftigen Herzlichkeit funktionierten. Vor den Läden standen große Leinensäcke mit geschälten Wallnüssen, getrockneten Peperoni und weißen Bohnen. Die Händler kannten sich ein Leben lang, inzwischen waren sie zu alten Frauen und Männern geworden, deren Eltern aus Bulgarien, Spanien und Griechenland nach Palästina eingewandert waren. Ich konnte von den Gerüchen nicht genug bekommen, kaufte frisch gemahlenen türkischen Kaffee und ließ mir die vielen Kräutertees erklären – welcher nun seit Jahrhunderten dem Magen, dem Darm oder den Nerven diente. Doch Orí fehlte die Geduld. Er drängte weiter zu Keksen, Weingummis und Schokolade, die hier ausschließlich in diesen Großverpackungen verkauft wurden, die meine Mutter früher aus der Metro mit nach Hause brachte.

Die resolute Frau hinter der Theke hatte ihre Haare zu einem strengen, schwarzen Dutt frisiert und bediente alle Kunden auf einmal. Sie erinnerte mich an einen Jongleur, dessen Ehrgeiz es war, mindestens fünf Bälle gleichzeitig in der Luft zu halten. Ich blieb im Eingang stehen, mit meinem Flügeln fühlte ich mich in dem engen Laden viel zu sperrig, und fürchtete mich vor jeder Bewegung. Indessen pirschte sich Orí nach vorne an die Theke.

„Yesh osnei haman?", fragte er. *Osnei Haman* waren im Wortsinne Haman-Ohren, dreieckige Kekse aus Biskuit, typisch für *Purim*, die mit Mohn, Nüssen oder Pflaumenmus gefüllt waren. „Cha'im, Cha'im", rief die Frau mit dem Dutt und meinte damit offenbar ihren Gatten, der vor der Türe mit einem Kollegen sprach und seine Hände schon lange nicht mehr aus den Hosentaschen genommen hatte.

„Yesh osnei haman?", fragte Orí. Haman war zu biblischen Zeiten so etwas wie der Ministerpräsident von Persien gewesen. Er hatte die Juden des Landes vernichten wollen und bestimmte den Tag ihres Todes mit einem Los, das auf Hebräisch *„pur"* hieß. Im Plural *„purim"*.

„Lehitraot, sabbat shalom", sagte die Frau hinter der Theke ein ums andere Mal, „auf Wiedersehen, ein schönes Wochenende" und wandte sich auch schon dem nächsten Kunden zu.

„Yesh osnei haman?", fragte Orí ein drittes Mal. Hamans Pläne scheiterten damals an der schönen Esther, die sich bei ihrem Ehemann, der immerhin der König war, für die Juden verwandte. Am Ende hing Haman selbst am Galgen. Nun gab es früher den Brauch, einem Todgeweihten die Ohren abzuschneiden – daher die Kekse.

„Ken, chamudi ... ja, mein Liebling", sagte die Frau hinter der Theke endlich zu Orí und schickte ihn zum hintersten Regal an der Wand. Während er aus meinem Blickfeld verschwand, rief die Frau noch einmal „Cha'im, Cha'im", doch Cha'im hatte offenbar nicht vor, sich von dem *balagan*

in seinem Laden auch nur im Geringsten stören zu lassen. Dann tauchte Orí wieder auf, mit mindestens drei Kilogramm Keksen auf dem Arm, und steuerte damit geradewegs auf die Theke zu.

„Ma pit'óm ... was auf einmal?", rief ich erschrocken aus der Ferne. „Was willst du denn damit?" – „Verkaufen", sagte er, ohne sich noch einmal zu mir umzudrehen. Cha'im warf mir einen amüsierten Blick zu, und Orí verhandelte an der Theke den Preis. *„Beséder, chamudi* ... in Ordnung, Liebling." Die Frau mit dem Dutt gab sich schließlich geschlagen und gewährte Orí wohlwollend eine Keks-Dose extra. „Du kannst demnächst bei mir anfangen", sagte sie zum Abschied, *„lehitraot, sabbat shalom."*

An der nächsten Ecke gab es eine Bäckerei, in der es nach heißem Teig duftete. Wir setzten uns an die niedrige Bar im Inneren, bestellten *Burekas* mit hart gekochten Eiern. An den Wänden hingen die verblichenen Fotos von Filmstars und Bilder von verträumten Häfen, die ein griechisches Fremdenverkehrsamt in den späten Siebzigern herausgegeben hatte.

„Sind fünf Schekel zu viel pro Ohr?", fragte Orí, zu sehr mit seinem Business-Plan beschäftigt, als dass er meine einsilbige Antwort bemerkt hätte. Für mehr reichte es gerade nicht, dafür war ich mir mit den Flügeln vorhin zu dämlich vorgekommen. „Oder drei Schekel?" Er sah mich unbekümmert an und ich ließ mich schließlich dazu erweichen, ihm mein Telefon zu geben, damit er auf dem Taschenrechner seine Gewinnmarge ausrechnen konnte.

Als es klingelte.

Ehe Orí sich versehen konnte, hatte ich das Telefon auch schon in meiner Hand. *„Meinyanim?"*, tönte es in einer gut gelaunten Melodie aus meinem Hörer. „Wie geht's?" – *„Hey, meinyanim?"* – *„Tov me'od* ... sehr gut." – *„Tov me'od."* Dieser Jingle ging noch eine Weile zwischen uns hin und her, bis Gil schließlich zur Sache kam. „Wo bist du?" – „Ich esse *Burekas* mit Einstein", sagte ich. „*Mevina*", sagte er, „verstehe", ohne sich beirren zu lassen, „und wie sind die *Burekas*?" – „Relativ heiß", sagte ich. „Und wann sehen wir uns?" – „Relativ bald."

Wir sahen uns am Abend. Gil wartete mit seiner hellblauen Vespa an meiner Ecke. „Dass du hier wohnst", sagte er, als ich bei ihm war. „*Lama* ... warum?" – „*Savta sheli* ... meine Großmutter hat hier gewohnt", sagte er und zeigte auf das Haus an der Ecke. „Als Kind war ich oft bei ihr." Ich hielt mich an seiner Schulter fest und setzte mich auf den Sattel hinter ihn. „Weißt du, dass da drüben früher ein Zoo war?", fragte er, bevor er den Motor startete.

Durch den kleinen Park mit den Orangenbäumen ging ich mehrmals täglich. Ich mochte die Vorstellung, dass es hier einen kleinen Zoo gegeben hatte, mitten in der Stadt, hinter dem Rathaus, mit echten Giraffen, Löwen und Bären. Dort, wo heute die Kinder an den Klettergerüsten hingen, hatten bis in die frühen Achtzigerjahre Affen in ihren Käfigen geturnt. Dann war der kleine Zoo in einen Vorort von Tel Aviv umgezogen. Er hieß jetzt Safari Park.

Am Eingang stand die Skulptur eines freundlichen alten Mannes, er saß auf einem Stein, ein wenig in sich versunken und offenbar zufrieden mit seinem Lebenswerk. Sein Name war Mordechai Schornstein, er war Rabbi gewesen und 1935 von Norwegen nach Palästina eingewandert. 1938 hatte er den Zoo gegründet, seine kleine Arche Noah war hier an Land gegangen.

Gil lenkte sein Mofa durch die Stadt, geradewegs auf die Ta'yelet, die Promenade am Meer. Ich spürte den warmen Fahrtwind in meinem Gesicht und konnte mich nicht entscheiden, ob ich die Augen schließen oder öffnen sollte. Es war genau die Zeit des Tages, für die ich Tel Aviv liebte. Die Sonne war gerade erst im Meer untergegangen, sie zog dunkelrote Streifen am Horizont nach sich. Auf der Promenade fuhren wir bis zu deren Ende, nach Yafo, kauften bei Abulafia heiße Sesamringe und in einem Kiosk kaltes Bier, setzten uns schließlich an den Strand. Wir sahen den arabischen Frauen nach, die mit langen Kleidern knietief ins Wasser gingen. Beobachteten die unerbittlichen Kämpfe um den kleinen harten Gummiball und orthodoxe Väter, die Zwillingskinderwagen durch den Sand schoben, darin zwei Kinder unterschiedlichen Alters.

Bis sie schließlich alle in der Dunkelheit verschwunden waren, wir auf unseren roten Plastikstühlen immer weiter in den Sand sanken und in unsere eigene Sphäre tauchten. Nur aus der Ferne hörten wir das Rauschen der Stadt.

Spät in der Nacht setzte Gil mich an der Ecke ab. „Abends, vor dem Einschlafen, konnte ich die Löwen brüllen hören“, sagte er und sah noch einmal hinauf zu dem Fenster seiner Großmutter. Dann nahm er mein Gesicht in seine beiden Hände, küsste mich gute Nacht, und warf dem alten Zoo-Direktor einen Blick zu. *„Laýla tov, Mordechai ...* gute Nacht, Mordechai“, sagte er. *„Laýla tov ...“*

Ohne Licht zu machen schlich ich zurück in die Wohnung und ließ mich in meine Kissen fallen. Kurz bevor ich in einen tiefen Schlaf glitt, noch auf der Schwelle, hörte ich das Brüllen der Löwen.

Ich fuhr mit dem Bus bis zur Endstation. Noa wohnte im hintersten Winkel von Yafo. Für das letzte Stück nahm ich ein Taxi und geriet an einen kleinen Mann, der vor langer Zeit aus dem Irak eingewandert war. Er hatte seinen Sitz ganz nah hinter sein Lenkrad geschoben und hielt alle naselang, um einen Passanten nach dem Weg zu fragen. „Keine gute Gegend“, brummte er, als wir endlich in Noas Straße einbogen. „Was hast du hier nur verloren?“

Noa war noch in der Küche zugange und ich ging hinaus auf ihre Terrasse, riesig groß, mehr Dach als Terrasse. Der Mond stand voll und gelb über Yafo, so als würde er genau hierher gehören und nie wieder abnehmen. Noa hatte einen großen Bastteppich auf dem Steinfußboden ausgebreitet, darauf lagen Kissen aller Größen und Farben. Ich lehnte mich an die Mauer, von hier aus konnte ich fast bis zum Meer sehen, gleich hinter den grünen Lichtern am Turm der Moschee. Dann fiel mein Blick auf die ebene Erde, zu dem eingeschossigen Nachbarhaus, das von einer hohen Mauer und mehreren Rollen Stacheldraht umgeben war.

„Wer wohnt da unten?", fragte ich und ging in die Küche. „Hinter der Mauer?", fragte Noa, während sie eine dicke Knoblauchknolle aufbrach. „Irgend so ein Drogendealer."

Ich sah ihr zu, wie sie eine Zehe nach der nächsten schälte, und sie erzählte mir, dass in der vergangenen Woche die Polizei bei ihr gewesen sei. Die Polizisten wollten von ihrem Dach aus beobachten, was in dem Haus dort unten vor sich ging. Am Ende hatte Noa sie glücklicherweise davon überzeugen können, dass es in der Nachbarschaft schnell zu gefährlich für sie würde, wenn man die Polizei bei ihr sah. „Dann können sie mir gleich zwei Leute vor die Türe stellen", sagte sie und warf den gehackten Knoblauch entschlossen in die Joghurtsuppe. Ich hatte bis dahin zehn Zehen gezählt.

Wir stellten die Vorspeisen auf ein großes Tablett, setzten uns raus auf die Kissen und tranken Weißwein dazu. Als ich plötzlich Schüsse hörte. Ich zuckte zusammen. Drogendealer, Selbstmordattentäter und Atomprogramme explodierten gleichzeitig in meinem Hirn.

Noa hingegen saß ungerührt auf ihrem Kissen und zog das Pita-Brot einmal tief durch den Humus. „Wieder so eine arabische Hochzeit", sagte sie. „So geht das fast täglich, rein in die Moschee, raus aus der Moschee, und so geht eine Jungfrau nach der nächsten dahin."

Kurz darauf zerplatzten am Himmel die Feuerwerkskörper. „Puh ...", sagte ich erleichtert. „Nur ich bleibe am Ende übrig", sage Noa und starrte in ihre Joghurtsuppe. „Ach,

Noa, das ist Quatsch." – „Schon bald werde ich nur noch die Rücklichter des Zuges sehen", sagte sie, offenbar wild entschlossen, sich ganz tief in ihrer trüben Stimmung zu suhlen. „Dabei verlange ich doch gar nicht viel. Ich will nur einen, der mich vernünftig in den Arm nehmen kann."

„Und was war mit Bo'az?", fragte ich. „Ach, Bo'az", sagte sie abfällig. Ich hatte ja keine Ahnung. „Weißt du, es ist ja nicht so, als hätte ich nicht schon viele Männer kennengelernt. Immer wieder habe ich mir eingeredet, dass wir schon irgendwie zusammenpassen. Dabei konnte mich keiner richtig in den Arm nehmen." – „Das ist ja auch schon eine ganze Menge." – „Bis auf Yoram", sagte sie, ließ sich den Namen auf der Zunge zergehen. „Mein erster Freund. Er lebt noch heute in YadMo. Nachdem wir uns damals getrennt hatten, kam es mir vor, als würde ich plötzlich in der Wüste stehen. Bis dahin hatte ich mir gar nicht vorstellen können, dass es Männer gibt, die einen nicht in den Arm nehmen können." Ich musste lachen.

„Nein. Wirklich nicht", sagte sie und sah mich mit großen Augen an. „Als hätte ich all die Jahre gebraucht, um herauszufinden, dass es eigentlich nur darum geht." – „Warte mal ab", sagte ich mit der Zuversicht einer Charlotte Strohbach. „Schließlich läuft er da draußen schon irgendwo rum, du musst ihn nur noch treffen." – „Wüsste nicht, wo." Erst jetzt fiel mir auf, dass ihr Telefon schon den ganzen Abend regungslos in der Küche lag. Nicht klingelte. Nicht simste. Nicht rüttelte. „Das Leben gibt nicht so schnell auf", sagte ich. „Vor allem deins nicht."

Noa hatte sich auf den Rücken gelegt und folgte den vielen Farben, die immer noch in der Dunkelheit zerplatzten. Dann drehte sie den Kopf langsam zu mir und sah mich an. „Sag mal", fragte sie, auf einmal misstrauisch geworden. „Wo kommt denn dieser Optimismus her?" Leider konnte die Nacht überhaupt nichts verbergen. Noa hatte schon längst auf scharf gestellt und jeden meiner Gesichtsmuskeln ins Visier genommen. Ich traute mich nicht so recht, damit rauszurücken, war selbst noch irritiert und musste mich erst einmal in meinen eigenen Gefühlen zurechtfinden. Doch kaum hatte ich den Mund geöffnet, floss alles aus mir heraus.

Er sagte

Sie sagte

Er sagte

Sie sagte

Die ganze Geschichte. Es war nicht so, als würde mir so etwas häufig passieren.

Als ich geendet hatte, lachte Noa. „Wie war das noch mal? Zu *Sukkot*?“ Sie ließ ihre Stimme eine Oktave tiefer gleiten. „Ein israelischer Mann? Der hat mir gerade noch gefehlt!“ – „Ach, hör auf“, sagte ich und erinnerte mich an die vielen guten Gründe, die gegen eine bilaterale Liebe sprachen. Es brach mir schon jetzt das Herz. Dabei kannte ich Gil gerade mal zwei Wochen. „Er wird mein Leben bestimmt nicht einfacher machen.“ – „Aber schöner.“

Wie war das noch mal? John Lennon? „Life is, what happens to you, while you are busy making other plans.“

Noa setzte mich einer eingehenden Inquisition aus, um herauszufinden, ob meine geballten Hormone auf einigermaßen solide Fakten fielen. Name? Im Bett? Job? Mutter? Alter? Das ganze Programm.

„Hat er Kinder?“, fragte sie schließlich. „Nicht, dass ich wüsste.“ – „Will er denn Kinder?“ – „Noa, wir haben uns gerade erst kennengelernt“, sagte ich genervt. „Entspann dich mal. Kinder sind nun wirklich nicht alles.“ – „Ich werde demnächst 35.“ – „Charlotte Strohbach hat ihren Sohn auch erst mit vierzig bekommen.“ Noa schwieg einen Augenblick. „Charlotte Strohbach hat einen Sohn?“ – „Ja“, sagte ich. „Er lebt mit seiner Familie in Chicago. Ist da irgendwo an der Uni.“ – „Hast du ihn schon kennengelernt?“ – „Bislang noch nicht, aber vielleicht kommt er zu ihrem

Geburtstag." – *„Nachon* ... richtig, der 100. Geburtstag." – *„Mamash* ... und wie", sagte ich. „Langsam muss ich mir Gedanken machen, wie wir den am besten feiern, diesen 100. Geburtstag. Sie ist schon ganz aufgeregt." – „Wann ist er denn?" – „12. Juni." – „Warum feiern wir nicht hier?", sagte Noa spontan. „Vielleicht können wir eine kleine Kapelle organisieren, ein bisschen Tanzmusik ..." – „Gefillte Fisch und Apfelstrudel ..."

Wir ließen uns von unseren Pläne zum 100. Geburtstag immer weiter in die Nacht tragen, bis wir schließlich vom Turm nebenan den Muezzin rufen hörten.

Und dann kam *Purim* wirklich. *„Chag sameach ..."*, wünschte ich unserem Mann im Kiosk, als ich die Zeitungen kaufte. „... glückliche Feiertage." – „Hoffentlich geht alles gut", entgegnete er nur.

Feiertage versetzten Israel in höchste Alarmbereitschaft. Und das mit gutem Grund. Schließlich war an diesen Tagen häufig genug etwas passiert. Ich brauchte nur ans Dizengoff-Center zu denken, an dem Mahnmal ging ich oft genug vorbei. 1996 hatte sich dort, im Herzen von Tel Aviv, ein muslimischer Terrorist in die Luft gejagt und dabei 14 Israelis mit sich gerissen. Unter ihnen waren Kinder gewesen, die sich zu *Purim* verkleidet hatten.

Ich klebte Orí einen kräftigen Schnurrbart auf die Oberlippe, zerwuselte die weiße Perücke und beschloss, das große Straßenfest auf der Ben Yehuda zu meiden. Im Gegenzug musste ich Orí versprechen, ihn bei seinem Straßenverkauf zu unterstützen. Also schnallte ich mir meine Flügel an, und wir bauten auf dem Shderot Ben Gurion den Tisch aus dem Badezimmer auf. Orí machte mit einer Holzrassel Werbung für seine *osnei haman* und lobte mich durch den Lärm hindurch dafür, dass ich eine gute Verkäuferin war. Als wir nach einer Stunde schon fast die Hälfte der Kekse verkauft hatten, sah ich auf dem Boulevard einen offenen LKW, darin orthodoxe Juden mit langen Schläfenlocken und schwarzen Gebetsmänteln. Sie hatten die Wischblätter der Scheibenwischer nach vorne gebogen, ihnen rosa Spülhandschuhe übergezogen und ließen sie zu jiddischer Musik hin- und hertanzen, die lautstark aus dem Wageninneren drang. Ich erinnerte mich daran, dass *Purim* war. Und dass man zu Karneval in Köln auch wunderliche Dinge sah.

Gil kam vorbei und kaufte uns gleich zehn Ohren auf einmal ab. Einstein war zufrieden, sein Geschäft lief, die Rechnung ging auf. „Sag mal, was willst du eigentlich mit dem ganzen Geld machen?", fragte Gil. „Ich fahre nach Berlin", sagte Orí, als sei es das Selbstverständlichste der Welt. Ich sah ihn überrascht an. „Wie, du fährst nach Berlin?" – „Einstein hat da auch mal gelebt", fügte er hinzu, als würde das alles erklären.

„Kol hakavot", sagte Gil. „Berlin. Nimmst du mich mit?" „Ich wollte schon den *aba* ... den Papa mitnehmen", sagte Orí vorsichtig, er hatte nicht vor, hier irgendjemanden vor den Kopf zu stoßen. „Na gut. Dann muss ich wohl alleine fahren", sagte Gil. Sah mich fragend an. „Oder, mein Engel, kommst du mit mir nach Berlin?" – „Oh Berlin, *mashu, mashu* ...", sagte ich mit der Begeisterung der Tel Aviver. „Berlin, das ist was. Klar fahre ich mit dir da hin." Gil legte seinen Arm um meine Schultern, an den Flügeln vorbei, *also das wäre abgemacht*, und drückte mir einen Kuss auf die Wange.

Das war der Moment, in dem Alón vor uns stand. *„Aba"*, rief Orí aufgeregt. „Wir haben fast alles verkauft. Bald können wir schon nach Berlin fahren." Und damit drehte er das Scheinwerferlicht auf uns. „Die beiden fahren auch dahin." Alón sah mich irritiert an. Ich war bislang noch nicht dazu gekommen, ihm von Gil zu erzählen. Um ehrlich zu sein, ich hatte auch nicht nach einer Gelegenheit gesucht. Dazu war unser Verhältnis zu *irgendwie*.

„Ich bin Gil", sagte Gil in die Stille und reichte Alón die Hand. „Ach ja, Entschuldigung", sagte ich. „Das ist Gil." Alón nahm die ausgestreckte Hand entgegen, doch so spontan wollte ihm kein entspannter Gesichtsausdruck gelingen. Er maß Gil mit einem scharfen Blick. Als hätte da jemand in sein Revier gepinkelt. *„Na'im me'od"*, sagte Gil strahlend. „Sehr angenehm." Er sah Alón direkt in die Augen.

Einen kurzen Augenblick standen sie sich so gegenüber. Wie im Western. Wow.

Und ich machte einen auf Engel.

Die Feiertage waren am Ende glücklich gewesen. Erst ein paar Tage später klingelte mein Telefon. Ausgerechnet saß ich gerade im *Ulpan* und spürte Lioras strafenden Blick auf mir. Das Display meines Telefons zeigte „Papa mobil". Einen Augenblick schwankte ich zwischen Lioras Blick und Display, zwischen roter Taste und grüner, entschied mich schließlich für meinen Vater und pirschte mich aus dem Klassenraum.

„Wo bist du?", fragte er ohne Zeit zu verlieren. – „Im *Ulpan*", sagte ich, erschrocken über seine besorgte Stimme. „Ist was passiert?" Mein Vater saß im Auto, auf dem Weg ins Gericht, im Deutschlandfunk hatten sie gerade über einen Anschlag in Jerusalem berichtet. Ein arabischer Bauarbeiter war mit einem Bulldozer durch die Stadt gefahren und hatte mit der Schaufel des Fahrzeuges mehrere Menschen getötet. Man sprach von mehr als fünfzig Verletzten. Offen gestanden. Da wusste mein Vater mehr als ich.

„Nein, nein, alles in Ordnung", sagte ich. „Ich bin in Tel Aviv. Im *Ulpan*." – „Dann bin ich beruhigt", sagte mein Vater, man hörte es in seiner Stimme. „Und wie geht es dir sonst?" – „Gut", sagte ich, immer noch irritiert, ihn am Telefon zu haben. „Alles in Ordnung hier. Und bei euch?" – „Ja, ja, auch alles in Ordnung hier. Ich dachte nur, vielleicht, vielleicht bist du durch Zufall in Jerusalem." – „Und ich habe schon gedacht, ich dachte schon, es ist was passiert." – „Ist doch auch was passiert." – „Ich meine jetzt bei euch."

Als ich auflegte, erschrak ich über mich selbst.

April

Neunter Monat, in dem Noa das Hier & Jetzt entdeckt, sich Besuch ankündigt und ich am Ende Schashuka koche.

Noa litt weiter massiv unter Ereignislosigkeit, zu viel Zeit für zu wenig Sinn des Lebens, und schließlich war es mir doch noch gelungen, sie zu einer Yoga-Stunde zu überreden. Ob ich mir mit meinem missionarischen Eifer selbst einen Gefallen getan hatte, blieb allerdings herauszufinden. In ihrem rot-weißen Ringel-T-Shirt saß sie auf der Matte neben mir, im Schneidersitz, umgeben von einer Wolldecke, einem Holzklotz und einem Baumwollgurt, und wartete ungeduldig darauf, demnächst im Hier & Jetzt zu versinken. Rachel begrüßte die neue Stunde mit drei *„Ohhmms“* sowie einem *„Ohhmm ... Chantiii ... Chantiii ... Chantiiiiiii“*. Und ich hielt meine Augen geschlossen, um mich von Noas skeptischer Energie nicht ablenken zu lassen.

Rachel kam aus New York. Eine lange Reise der Selbsterkenntnis, die sie über Varanasi (Indien), Goa (noch einmal Indien) und Jerusalem führte, hatte in diesem Yoga-Studio ihr vorläufiges Ende gefunden. Der Raum lag im Souterrain, durch die offene Terrassentür drang ein Hauch frischer Luft, der allerdings sofort von dem schweren Duft der Räucherstäbchen wieder aufgesogen wurde. Bevor wir die Stunde begannen, erinnerte uns Rachel daran, dass wir nach nichts suchen müssten, weil alles schon da war. *Shiva veneshiva*. Einatmen und wieder ausatmen. Dann kniete sie sich neben Noa, ihre neue Schülerin, um dem Fluss ihres

Atems zu lauschen. Immer an den Nasenwänden entlang. Wie schon gesagt. Ich hielt die Augen geschlossen.

Wir begrüßten die Sonne, ein ums andere Mal ging sie auf und wieder unter, *Sūrya Namaskār,* der abwärtsgerichtete Hund, der aufwärtsgerichtete Hund, die Kobra, der Krieger und später das Kind. Schließlich der Baum. Ich stand auf meinem linken Bein, meine rechte Fußsohle eng an die Innenseite meines linken Oberschenkels gepresst, mein rechtes Knie in einem 45-Grad-Winkel. Die Arme dazu über dem Kopf gestreckt, die Handflächen berührten einander, wie die Krone eines Baums. Der Baum wehte im Wind, schwankte nach rechts und wieder nach links, ich hatte meinen Fixpunkt noch nicht gefunden. So wie damals in der Ballettstunde suchte ich nach ihm, als ich ein kleines Mädchen im rosafarbenen Trikot war und Pirouetten über den Parkettboden drehte. Damals war die runde Uhr an der Wand mein Fixpunkt gewesen, um nicht schwindelig zu werden, eine Drehung, meine Augen kehrten zurück zu den Zeigern. Im Nachhinein dachte ich, vielleicht auch um zu sehen, wann die gehasste Ballettstunde ihr Ende fand. Hier & Jetzt entschied ich mich für die Elektroleitung, mein Fixpunkt, die unverputzt auf der Wand lag. Warum die Elektroleitung, ich vermochte es nicht zu sagen, doch das war nicht weiter wichtig. Meine Baumkrone kam zur Ruhe, es herrschte Windstille, ich ließ die Gedanken vorbeiziehen. *Shiva veneshiva.* Es funktionierte.

Noas Baum hingegen schwankte und wankte, eine Birke, an einer Steilküste über dem Meer, so es dort überhaupt welche gab, bei böigem Wind. Ich wollte erst gar nicht wissen, was in ihrem Kopf alles vor sich ging. Ihre Windstärke schwankte zwischen 8 und 10, die Äste bogen sich. Vielleicht hätte ihr das jemand mit dem Fixpunkt erklären sollen.

Jetzt nur nicht überheblich werden.

Vom Baum ging es über die Brücke in den Kopfstand.

Wie weiland Ben Gurion am Strand, der im Übrigen gleich bei uns um die Ecke gewohnt hatte, auf dem gleichnamigen Boulevard. Seine Frau Paula hatte seinen Yoga-Lehrer, Moshé Feldenkrais, immer mit „Herrn Hokus-Pokus" begrüßt. Noa befand sich also in bester Gesellschaft.

Rachel saß sinnerfüllt im Lotus-Sitz, gab ihre Atemkommandos und acht junge Frauen standen Kopf. Nur Noa hatte bereits aufgegeben, hockte neben mir und sah sich alles genau an, fürs nächste Mal, so es denn ein nächstes Mal geben sollte, was ich schon jetzt bezweifelte. Wieder suchte ich die Elektroleitung an der Wand gegenüber, umschloss sie mit meinem Blick, meiner ganzen Konzentration, als plötzlich ein dickes, fettes Etwas an meinem Fixpunkt entlang krabbelte. Mit kleinen, flinken Schritten, immer weiter nach oben, die Wand entlang.

„Tshuk ... ", presste ich hervor, was so viel bedeutete wie Kakerlake und im Ergebnis dazu führte, dass im Handumdrehen ein Handstand nach dem nächsten zu Boden ging. Nun ja, zu unserer Schande musste ich gestehen, dass wir taten, was Yoga-Schülerinnen in solchen Situationen zu tun pflegten, wir ekelten uns. Wichen ein paar Schritte zurück, jemand rief „iiihhh", und die Kakerlake drehte um, angespornt durch so viel Interesse, huschte die Elektroleitung wieder nach unten, mitten aufs Parkett. Die einzige, die seelenruhig auf ihrer Matte sitzen blieb, war Rachel.

„Eine *tshuk*", sagte sie und mir schien als wolle sie ihre eigenen Worte liebkosen, „eine wunderbare Kreatur wie wir alle es sind. Seht ihr, nach vielen Jahren der Yoga-Praxis habe ich gelernt, auch das zu akzeptieren, ruhig zu bleiben."

Nun war die *wunderbare Kreatur* immerhin clever genug, um sich Rachel selbst zum Opfer zu nehmen, sie krabbelte zielstrebig in ihre Richtung. Schnelle Schritte auf langen, behaarten Beinen. Während acht Yoga-Schülerinnen entsetzt die Augen schlossen, beobachtete einzig Noa die ganze Szene mit großem Interesse. Offenkundig war sie genau jetzt im Hier angekommen.

Die Kakerlake drehte ihre Runden um die Matte.

Shiva veneshiva.

Rachel blieb g-a-n-z ruhig.

„Wie immer im Leben geht es darum, sich auf den Atem zu konzentrieren, nicht auf die Störungen, die von außen kommen", sagte sie, als sei sie erfüllt von der Liebe des ganzen Universums. „Das ist ekelig", flüsterte jemand. „Seht ihr, ich kann ganz ruhig bleiben. Das kommt mit den Jahren der Übung. Und das ist es doch, warum wir alle Yoga machen. Um unsere innere Mitte zu finden, uns nicht ablenken zu lassen, durch ... was auch immer es sei."

Just, in diesem Moment war die Kakerlake vom Parkett verschwunden. Sie ward nicht mehr gesehen. „Sie ist in deinem Trikot", fiel mir dazu spontan ein. „Sie kann nicht in meinem Trikot sein", sagte Rachel. „Dafür ist es viel zu eng." Ihre Worte krabbelten langsam durch die Gehörgänge ins Hirn, entpuppten sich dort als Erkenntnis und schlugen endlich auch in Taten um. Rachel sprang auf, wie von der Tarantel gestochen, schüttelte und rüttelte sich, doch die Kakerlake hatte einen sicheren Unterschlupf gefunden. Das Trikot war wirklich eng. Hauteng.

Auf Noas Lippen breitete sich ein seliges Lächeln aus.

Rachel krempelte ihr Trikot hoch, das Oberteil bis unter den BH, den Hosenbund bis zur Unterhose, bis die *wunderbare Kreatur* schließlich vollkommen verwirrt auf den Boden fiel und hinter das Regal mit den Augensäckchen verschwand. Rachel tat als sei nichts gewesen und kehrte in ihre gottgewollte Ordnung zurück.

„Seht ihr, so ist es doch oft im Leben", sagte Rachel. „Unsere ganze Energie war in unserer Yoga-Praxis und dann wird sie abgelenkt durch eine Kleinigkeit. Wie in unserem Leben, alles ist in Ordnung, wir haben eine Wohnung, einen guten Job, eine große Familie, wunderbare Kinder“, fuhr sie fort, während sich die Kakerlake vorsichtig aus ihrem Versteck hervorwagte. „Und dann kommt eine kleine Störung von außen, eine klitzekleine Störung, und zieht unsere ganze Konzentration, unsere ganze Energie auf sich.“ Unsere Augen folgten der Kakerlake, die, immer noch verwirrt, über das Parkett raste. „Immer konzentrieren wir uns auf die Dinge, die in unserem Leben nicht in Ordnung sind“, sagte Rachel. „Im Grunde können wir der Kakerlake dankbar sein. Sie hat uns heute eine Lektion erteilt.“

Und damit hatte ihr letztes Stündlein geschlagen. Das nämlich war exakt der Moment, in dem Noa ihren Holzklotz zur Hand nahm und die Kakerlake mit einem gezielten Schlag darunter vergrub. Sie ließ den Holzklotz, wo er war, stand auf und ging hinaus, ohne sich noch einmal umzusehen.

Ich hatte sie wirklich verdammt gern.

Im *Sherut* hatte ich es auf den letzten Platz geschafft, als mein Telefon klingelte. Hektisch schaufelte ich in der Tiefe meiner Handtasche, weil ich einen Anruf von Gil erwartete und inzwischen wieder zum Teenie mutiert war. Ich stieß meinen beiden Nachbarn die Ellebogen in die Rippen, erst rechts, dann links, verfluchte schließlich die Größe meiner Tasche und drückte viel zu eilig auf den grünen Knopf. Gerade noch geschafft. *„Ken ...?“*, sagte ich erwartungsfroh. „Fröhlich hier.“ Meine Handtasche hätte gar nicht groß genug sein können.

„Fröhlich hier“, sagte Fräulein Fröhlich noch einmal. „Kannst du mich verstehen?“ Man hätte an dieser Stelle jetzt einfach „nein“ sagen können. *Nein, ich verstehe Sie leider nicht. Shalom.* Doch aus irgendeinem Grund, der tief in meinem Unterbewusstsein vergraben sein musste, kam mir dieses *nein, nein* nicht über die Lippen. Vielleicht hatte es etwas damit zu tun, dass der Anruf mich in einem vollen

Sherut überraschte. Wir saßen dicht gedrängt nebeneinander, ich konnte die Pobacken auf den Sitzen neben mir spüren. In der Anwesenheit anderer hatte ich schon immer schlecht lügen können.

„Ja, ja", sagte ich also zu Fräulein Fröhlich, auch wenn ihre Stimme tatsächlich so knackte, als hätte sich der Mossad in die Leitung gequetscht. „Dein Vater kommt nach Israel." – „Was?" – „Ich bin gerade dabei, Flüge rauszusuchen." – „Was?" – „Kannst du ihn am 3. Juni am Flughafen abholen", sagte sie. „Die Maschine landet um 15.35 Uhr in Ben Gurion."

Augenblick mal. Ganz langsam. Noch mal von vorne. „Mein Vater kommt nach Israel?" – „Richtig", gab sie zu Protokoll, diesen Punkt hatten wir ja bereits besprochen. „Wie ist das mit der Zeitverschiebung? Ihr seid uns da um eine Stunde voraus, oder?" An dieser Stelle sei eingeräumt, dass Fräulein Fröhlich mir einiges voraus hatte. Wissen zum Beispiel, Informationen, Erklärungen.

„Entschuldigen Sie, aber warum, bitte schön, kommt mein Vater nach Israel?", fragte ich in der Annahme, dass die Leitung meinen zickigen Unterton verschlucken würde. Wenn nicht. War es mir auch egal. „Er hat einen Termin in Jerusalem." Einen Termin in Jerusalem, verstehe, das war doch schon mal ein Anfang. Damit wurde die ganze Angelegenheit gleich ein wenig verständlicher. Für einen Augenblick hatte ich schon gedacht, wenn auch nur kurz, er würde meinetwegen kommen. Vielleicht sogar, um mich zu besuchen.

„In der Bezalel Straße. Augenblick …", hörte ich Fräulein Fröhlich sagen, während sie mit spitzen Fingern durch den Tischkalender blätterte, von dem ich wusste, dass er vor ihr lag. „Ja, richtig, in der Bezalel Straße Nummer 43. Gibt es dort ein Business-Hotel in der Nähe?" Ohne eine Antwort abzuwarten wanderte sie auf ihrer to-do-Liste weiter nach unten. „Du hast da keinen Wagen, richtig?", sagte sie. „Vielleicht kannst du einen Mietwagen nehmen. Er sollte aber eine Klimaanlage haben. Ich habe in der Wetterprognose gelesen, dass es bei euch im Juni schon recht warm ist."

Wirklich, ich gab mir alle Mühe. Aber ich kam nicht mehr mit. Möglicherweise hörte der Mossad tatsächlich mit und Fräulein Fröhlich durfte nur in Code-Wörtern mit mir sprechen. Zeitverschiebung. Business-Hotel. Mietwagen. Klimaanlage. Wetterprognose. Was hatte das alles zu bedeuten?

„Wie viel Kilometer sind es vom Flughafen bis Jerusalem?", fragte sie. „Fünfzig", sagte ich, mehr Reaktion als Antwort. Inzwischen kam ich mir vor, als würden mehrere von Alóns gelben Zetteln auf meiner Stirn kleben. Ich machte noch einen Anlauf. „Entschuldigen Sie, aber vielleicht können Sie mir das erklären, was ist das für ein Termin in Jerusalem?"

„In der Sache Dr. Lindemann. Mehr kann ich dazu nicht sagen." Damit war ich enttarnt. Ich war ihre Agentin in der Reisestelle. Geht auf die Kostenstelle Lindemann, mehr brauchte die Reisestelle schließlich auch nicht zu wissen, können Sie darauf verbuchen.

„Augenblick mal, Fräulein Fröhlich", sagte ich mit genussvoller Betonung auf dem -lein und nahm einen Post-it nach dem nächsten von meiner Stirn. „Könnte ich jetzt bitte mal selbst mit meinem Vater sprechen?" Darauf hörte ich nichts als die absolute Stille. Für einen Augenblick schien selbst der Mossad die Luft anzuhalten. „Dein Vater ist bei Gericht", sagte sie indigniert. „Dann sagen Sie ihm bitte, dass er mich zurückrufen soll."

Shalom.

In der Dramatik der ganzen Szene war dies eine gute Stelle, um etwas zu tun. Und zwar erhobenen Hauptes. Ich ließ das Telefon in die Tiefe meiner Handtasche zurücksinken, nickte in Gedanken meinen Mitreisenden zu, *der habe ich es gezeigt*, und rief dem Fahrer zu: *„Efschar laredet,* *bewakascha.*" – „Kann ich bitte aussteigen." Auch wenn es vielleicht günstiger gewesen wäre, damit noch zwei Kreuzungen zu warten. Mir war gerade danach.

Als Gil am Abend zu mir kam, erzählte ich ihm von meinem kleinen Triumph. Vermutlich verstand er nur die Hälfte, wie sollte er auch, doch das Wesentliche hatte er verstanden.

„Und was sagt dein Vater dazu?" – „Ich habe noch nicht mit ihm gesprochen." – „Warum nicht?" – „Die haben noch nicht zurückgerufen." – „Warum rufst du ihn denn nicht selbst an?" – „Sie wollten zurückrufen." – „Sag mal, das ist dein Vater. Hat er kein Handy?" – „Warum soll ich denn anrufen? Er will schließlich kommen." Gil gab mir das Telefon in die Hand. *Hörer abnehmen. Nummer wählen.* „Was soll das Theater? Das ist doch albern", sagte er. Albern? Ich? Tiefes, empörtes Lufthölen. Offener Mund. Sauerstoff ins Hirn. Mund wieder zu.

Ich wählte die Nummer von zu Hause.

„Deine Sekretärin hat mich heute angerufen", eröffnete ich das Gespräch. Ich wusste, dass er diesen Tonfall nicht leiden konnte. Aber immerhin hatte ich von mir aus angerufen. „Dein Vater landet um 14.35 Uhr. Kannst du dich bitte nach einem Business-Hotel erkundigen. (Obwohl mit dem *bitte*, da war ich mir jetzt gar nicht mehr so sicher, das müsste ich in der Gesprächsnotiz noch einmal nachsehen.) Außerdem. Ein Mietwagen. Erstens, zweitens, drittens. Mann, Mann, Mann hat die ein Kommando am Leib. Bekommst du morgens auch erst einmal eine to-do-Liste in die Hand gedrückt?" – „Nicht in dem Ton", sagte mein Vater. Kurz und prägnant. – „Sie wollte mir allerdings nicht verraten, warum du eigentlich kommst", sagte ich ein wenig milder. Übermut tat schließlich selten gut. „Du scheinst dich ja sehr zu freuen." – „Natürlich freue ich mich. Nur habe ich keine Ahnung, was hier eigentlich los ist", sagte ich und fügte etwas zaghafter hinzu. „Außerdem wäre es nett, wenn wir so etwas vorher besprechen könnten, dann kann ich mir Zeit nehmen. Ich habe hier schließlich auch etwas zu tun."

Stille.

Geschenkt.

„Also, was ist das für ein Termin?", fragte ich. „Hat es was mit diesem Bild zu tun?" – „Woher weißt du davon?", fragte er erschrocken. „Na ja, die Zeitungen hier sind voll davon." – „Was?" Ich bereute es sofort wieder, war vielleicht ein guter Scherz, aber meinem Vater schien die Sache wirklich auf der Seele zu liegen. „Nein, nein", beeilte ich mich. „Du hast mir Weihnachten davon erzählt." – „Die ganze Geschichte?" – „Ja, ja, ich weiß Bescheid", sagte ich, stolz darauf, in den Kreis der Wissenden zurückzukehren. „Großverleger beutet Nazi-Opfer aus."

Uuaaahh. Und damit war meine Faust schon wieder in seine Magengrube gesaust, was mir aufrichtig leid tat. Ich zog sie sofort zurück. Am liebsten hätte ich jetzt meine flache Hand auf seine Bauchdecke gelegt. Ich hatte ja auch keine Ahnung, was heute mit mir los war. „Hör auf", sagte mein Vater. „Wie ist es denn da weitergegangen?" – „Gar nicht", sagte er, sichtlich beunruhigt. „Ich werde immer noch nicht schlau daraus, was sie eigentlich von uns wollen."

„Wer ist denn überhaupt *sie*?" – „Schon das ist nicht ganz klar. Erst einmal ist da dieser Anwalt in Jerusalem. Sein Name ist Nachman Goldberg. Angeblich vertritt er einen über achtzigjährigen Mann, der aus Berlin stammt und dessen Eltern das Bild 1937 unter dem Druck der Nazis verkaufen mussten. Der alte Mann lebt jetzt in einem *Kibbuz*, in Israel, irgendwo im Norden. Von ihm selbst habe ich allerdings noch nichts gehört oder gesehen, noch nicht einmal eine Vollmacht. Und dann ist da noch dieser Enkel, der die ganze Sache ins Rollen gebracht hat."

„Und was wollen sie? Das Bild zurück oder Geld?“ – „Ich weiß es nicht“, sagte mein Vater und schien mir fast ein wenig verzweifelt. Was nur allzu verständlich war, denn in der deutschen Rechtspraxis pflegte man jeden neuen Fall mit den fünf Ws zu beginnen. Wer (Anspruchssteller)? Will was (Anspruchsgegenstand)? Von wem (Anspruchsgegner)? Woraus (Anspruchsgrundlage)? Und warum (Sachverhalt)? In diesem Fall waren noch nicht einmal die ersten zwei Ws geklärt. Seit Weihnachten waren immerhin schon vier Monate vergangen.

„Wie ist denn Herr Lindemann an das Bild gekommen?“, versuchte ich den Fall von der anderen Seite aufzurollen. „Sein Vater hat das Bild in den Fünfzigern oder Sechzigern ersteigert. In der Schweiz, glaube ich.“ – „Klingt kompliziert.“ – „Ist kompliziert“, sagte er. „Hinzukommt, dass dieser Goldberg kein vernünftiges Englisch spricht, was es am Telefon nicht einfacher macht. Dabei wollte ich die Sache schon längst vom Tisch haben. Herr Dr. Lindemann wird langsam nervös.“ – „Und deshalb kommst du jetzt selbst?“ – „Ich wollte eigentlich schon viel früher kommen. Aber im Mai habe ich noch ein großes Verfahren, da ist gar keine Luft“, sagte er gepresst. „Wenn der Express erst einmal Wind davon bekommt, wird die ganze Sache sicher nicht einfacher.“

„Wie lange willst du denn eigentlich bleiben?“ – „Ich brauche zwei, drei Tage in Jerusalem. Damit das da endlich mal voran geht“, sagte er, womit seine Reiseplanung aber offensichtlich noch nicht abgeschlossen war. „Und ich habe mit deiner Mutter darüber gesprochen. Vielleicht können wir ja noch eine Woche gemeinsam reisen.“ Für meinen Geschmack war die Pause, die darauf folgte, um eine Zehntelsekunde zu lang. „Wenn es deine Zeit erlaubt.“

Geschenkt.

„Kommt Mama mit?“, fragte ich überrascht, aber auch irgendwie hoffnungsvoll. Wir beide eine Woche alleine, das konnte schließlich nicht sein Ernst sein. So etwas hatten wir noch nie gemacht. „Deine Mutter arbeitet", sagte er, als wäre mir zwischenzeitlich entfallen, dass Menschen einer geregelten Arbeit mit geregelten Urlaubszeitansprüchen nachgingen. – „Ach so, ja, ich dachte schon."

„Vielleicht fahren wir irgendwo hin", sagte er betont gut gelaunt, wohl auch, um sich selbst Mut zu machen. „Vielleicht an den See Genezareth? Nach Bethlehem? Oder ans Tote Meer?" Und was war auf einmal mit Israel? Mit der Terrorgefahr? Mit den Selbstmordattentätern? Und den ganzen Kriegen? Alles wie weggeblasen.

„Können wir machen", hörte ich mich sagen. – „Können wir machen?" – „Ja, sage ich doch, können wir machen." – „Das klingt ja begeistert." – „Ja, nein, gerne, ich bin nur ein wenig überrascht." – „Dann sage ich Frau Fröhlich, dass sie die Flüge buchen soll." – „Aber am 12. Juni muss ich zurück in Tel Aviv sein", fiel mir gerade noch rechtzeitig ein. „Da hat meine alte Dame Geburtstag." – „Ach, ja, richtig. Der 100. Geburtstag", sagte er. „Wie geht's ihr denn?" – „Gut. So weit. Alles in Ordnung." – „Schön", sagte mein Vater, wobei ich nicht wusste, ob er den Zustand der alten Dame oder das Ende unseres Gesprächs meinte. „Also dann." – „Also dann", sagte ich. Klang nach Abenteuer.

Gil hatte sein Mofa unter dem Fenster seiner *savta* (Großmutter) geparkt. Ich sah es schon von weitem. Er hatte es sich zur Gewohnheit gemacht, an unsere Haustüre zu klopfen, eine kurze Umarmung, wenn er gerade in der Gegend war. Was häufiger der Fall war. Wir wohnten recht zentral.

„Hey, meinyanim ...?", fragte ich, als die Türe hinter mir ins Schloss fiel. „Hey, wie geht's?" Gil und Orí saßen vor dem Internet. „Uuuufffff", sagte Gil. *„Gottsádank."* Und verschlang mich in seinen Armen. „Ich hatte schreckliche Sehnsucht."

„Hast du gewusst, dass Einstein immer gesegelt hat?", fragte Orí und zeigte mir den Jollenkreuzer auf dem Templiner See. „Wir planen Berlin", sagte Gil. „Ich hab so Hunger", sagte Orí. „Da bist du nicht alleine", sagte ich, ging in die Küche und öffnete den Kühlschrank. „Fürchte, hier muss erst einmal jemand einkaufen gehen", sagte ich, zurück im Wohnzimmer. „Kommt jemand mit?" Orí und Gil sahen sich verschwörerisch an. „Och ... nöh, lass mal, ich warte hier auf dich", sagte Gil. Voller Bewunderung verfolgte Orí jede seiner Bewegungen und plapperte ihm schließlich wagemutig nach: „Och ... nöh, lass mal, ich warte hier auf dich." – „Na, so groß kann die Sehnsucht ja nicht gewesen sein."

Bereits im Treppenhaus verständigte ich mich mit mir selbst auf die denkbar einfachste Lösung: Spaghetti – Pesto – Salat.

Tic-tac, zack-zack, und alle waren glücklich.

Der Supermarkt sah heute eindeutig anders aus als sonst. Mindestens die Hälfte der Regale war mit weißen Plastikplanen abgehängt. Rote Bänder sperrten einzelne Gänge vollständig ab, sie trugen die Aufschrift *Magen David Adom* und waren ursprünglich einmal dazu bestimmt, Unfallstellen abzuriegeln. Ich dachte schon, es wäre wer weiß was passiert. Machte mich auf reglose Körper auf dem Steinfußboden gefasst, Kreidezeichnungen zwischen Hundefutter und Scheuermilch, hatte bereits die blutverschmierten Schokoriegel vor Augen. Doch dann war alles ganz normal. Die anderen Kunden schoben völlig unaufgeregt ihre Wagen vor sich her, umfuhren die weißen Plastikplanen weiträumig, die Käseverkäuferinnen schnitten den Gouda. Vor der Fleischtheke stritten sich zwei Frauen darüber, von welcher Richtung eine Schlange kommt. Und ich erinnerte mich daran, dass *Pessach* war.

Zu *Pessach* nämlich waren die Kinder Israels überstürzt aus Ägypten, in die Freiheit geflohen. Sie hatten noch nicht einmal mehr Zeit gefunden, ihren Teig fürs Brot gehen zu lassen, so stand es schon bei Mose geschrieben: „Und das Volk trug den rohen Teig, ehe er durchsäuert war, ihre Backschüsseln in ihre Mäntel gewickelt, auf ihren Schultern." Ihrer Befreiung sollten sich die Juden in Dankbarkeit erinnern, auch das stand schon bei Mose geschrieben: „Sieben Tage sollst du Ungesäuertes essen ... auf dass du des Tages deines Auszugs aus Ägyptenland gedenkst dein Leben lang." Und schließlich: „Es soll sieben Tage kein Sauerteig gesehen werden in deinem ganzen Lande ...".

Womit wir zurück im Supermarkt waren.

Vor diesem biblischen Hintergrund war es wenig überraschend, dass Müsli, Kekse und Chips hinter den weißen Folien feststeckten. Warum aber auch tiefgefrorene Erbsen, gesalzene Erdnüsse und wilder Reis unter Verschluss gehalten wurden – frag' mich nicht. War mir auch egal. Nur die Spaghetti waren mir nicht egal. Die blauen Päckchen lugten vielversprechend hinter den Planen hervor, ich sah sie schon dampfend auf unserem Küchentisch stehen, roch den Knoblauch im Pesto und streute noch etwas Parmesan darüber. Doch ich wusste nicht so recht.

Galten Moses Worte jetzt nur den Juden? Oder auch den *Gojim*? Waren sie ein Gebot? Oder ein Verbot? Handelte es sich um eine Ermessensentscheidung? Oder eine Ermessensreduzierung auf Null? Ich traute mich nicht.

Als ich schon damit beschäftigt war, einen alternativen Speiseplan zu entwickeln, entdeckte ich neben mir einen voll beladenen Einkaufswagen. Ganz unten lag, unter einer Vorratspackung Toilettenpapier, ein blaues Pastapäckchen. „Ach, darf man das?", fragte ich, freudig überrascht, die dazu gehörige Kundin und zeigte auf die Packung. „Pssst ..." – „*Slichá* ... Entschuldigung", sagte ich, nun merklich leiser. „Ich dachte, ich wusste nicht ... darf man das?" – „Weiß ich auch nicht", flüsterte sie zurück. „Mach einfach. Leg etwas darüber." – „*Beséder* ... in Ordnung." – „Das hier ist Israel", fügte sie erklärend hinzu.

Ich schnappte mir ebenfalls eine Vorratspackung Klopapier, konnte man schließlich immer gebrauchen, und ging zurück zu den Spaghetti. Dann steuerte ich die Kasse an, legte alles aufs Fließband. Die 32 Papierrollen, dahinter zwei Dosen geschälte Tomaten, eine Plastikschachtel gerupfter Salatblätter, zwölf Eier, hundert Gramm Gouda, einen Liter Milch, so unschuldig wie möglich, ein blaues Paket. Die Frau aus Russland schob die Ware mechanisch über den Scanner, als sich ihr Gesicht plötzlich mit Leben füllte.

„*I-efschar …*", sagte sie erbarmungslos, laut, und hob das Päckchen demonstrativ in die Höhe. „… nicht möglich." – „Ich …" – Ich war ihr Präzedenzfall. „*Chamez …*", sagte sie feindselig, „… sauer". Womit sie meine gegorenen Spaghetti im Speziellen meinte, sowie die Unreinheit und das Böse im Allgemeinen. „Ich dachte nur, ich wusste nicht …".

Die anderen Kunden murrten in der Schlange, im günstigsten Fall wollten sie nur weiterkommen, und die Kassiererin schien persönlich beleidigt zu sein, für wie blöde hielt ich sie eigentlich. Während ich demütig meine gefilzte Ware in Plastiktüten packte, sah ich die andere Kundin auf die Kasse zurollen. Ich suchte ihren Blick und schüttelte warnend den Kopf. Sie schüttelte den Kopf fragend zurück. Ich nickte. Sie verzog den Mund zu einer verlegenen Grimasse, *oh Scheiße*, und verschwand mit ihrem Wagen zwischen den Regalen.

Als ich zurück nach Hause kam, surften Gil und Orí noch immer durch Einsteins Leben. Ich ging in die Küche, ich hatte Hunger, mir war warm, und am Ende blieb mir nichts anderes als *Schaschuka* zu machen, einen Tomateneintopf mit Spiegelei.

„Kann ich helfen?", fragte Gil und lehnte sich gegen unseren großen Kühlschrank. Ich saß schon fast auf meinem Hungerast, hatte keine Energie zu verschwenden und drückte ihm schweigend die geschälten Tomaten samt Dosenöffner in die Hand. „Alles klar?", fragte er. „Hunger." Gil gab mir die offenen Tomaten und lehnte sich zurück gegen den Kühlschrank. „Nur Hunger?" – „Du glaubst nicht, was im Supermarkt los war. Ich bin froh, dass ich überhaupt was zu Essen kaufen durfte." – „Oh je, der *Pessach*-Wahnsinn", sagte Gil und inspizierte meine Plastiktüten. „So viel Klopapier?" – „Nichts sagen, am besten nichts sagen."

Orí kam in die Küche und hatte soooooo Hunger. *„Ken, matok, bekarov* ... ja, Süßer, gleich", beruhigte ich ihn. Enttäuscht sah er in die blanke Pfanne und zog Gil mit sich ins Wohnzimmer, um ihm das Legoland in Berlin zu zeigen. Ich reichte ihnen eine Banane hinterher.

„Alón wird in Berlin ein ganz schönes Programm haben", sagte Gil, als er wieder zurück in die Küche kam. „Der Einsteinturm, das Legoland, die Spielwarenabteilung im Kadewe, der Zoo ...". Er beobachtete mich, wie ich das Gas entzündete und Öl in die Pfanne goss. „Was ist eigentlich jetzt mit deinem Vater?"

Ich gab mir Mühe, ohne eine Antwort davon zu kommen. „Kommt er jetzt oder nicht?" – *„Bewakascha ..."*, sagte ich flehend, „bitte ... ich habe doch gesagt, ich habe Hunger." – „Wann wollte er noch mal kommen?" – „Ach Gil ...", ich holte tief Luft, „... im Juni." Eine Weile sah er mir schweigend beim Hantieren zu. „Ich finde es ja gut, dass er kommt", sagte er dann. – *„Lama?"* – „Dann kann ich das gleich mit dem Heiraten klären." – „Ach, du bist ein Spinner", sagte ich, wenn auch nur halbherzig genervt. *„Lama?"*– „Gibst du mir bitte mal die Zwiebeln?" – „Du willst mich also nicht heiraten?" – „Gil, komm, ich hab Hunger", sagte ich und versuchte, ihn mit einem Kuss zum Schweigen zu bringen. „Ist da noch eine Paprika im Kühlschrank?" Er gab mir eine Paprika aus dem Kühlschrank.

„Wie heißt er eigentlich?" – „Wer?" – „Dein Vater." – „Friedrich." – „Friedriccch?" – „Friedrich." – „Friedriccch?" – „Friedrich. Nicht Friedriccch, du sprichst wie ein Schweizer." –

„Friedricccch, O.K., also“, sagte er, stellte sich in eine aufrechte Position und legte seine Hände ineinander. „Lieber Friedricccch, ich weiß nicht, wie ich es sagen soll – nein, das ist kein guter Anfang. Noch mal. Lieber Friedricccch, nach reiflicher Überlegung bin ich zu dem Schluss gekommen – nein, das ist zu förmlich, das geht auch nicht. Friedricccch, vielleicht setzt du dich erst mal und trinkst ein Bier, wir haben was zu besprechen.“

Ich musste lachen. Er hatte es mal wieder geschafft. Das Essen war nicht mehr ganz so wichtig. „Du kannst ihn bestimmt auch Fritz nennen.“ – „Fritz?“ – „Fritz.“ – *„Lo, lo* … Friedricccch ist besser“, sagte er und nahm wieder eine lässige Körperhaltung ein. „Und? Was sagt er? Heiraten wir?“ – „Vielleicht kannst du mich erst mal fragen.“ – „Habe ich das nicht schon längst?“, fragte er erstaunt und legte schon wieder eine feierliche Miene auf. „Also, dann …“

„Dai, maspik … hör auf, es reicht“, sagte ich warnend, schüttete die Tomaten in die Pfanne und ließ sie kurz aufkochen. „Außerdem kannst du mich sowieso nicht heiraten.“ – *„Lama lo …?“* – „Weil es a) in Israel keine Zivilehe gibt und du b) keinen Rabbi findest, der dich mit einer Christin verheiratet. Schon vergessen?“ – *„Betach, betach* … sicher, sicher, habe vergessen, dass ich eine Anwältin liebe.“ – „Ich habe mir das nicht ausgedacht.“ – „Dann fahren wir nach Zypern und heiraten da. Oder noch besser, wir fahren nach Berlin.“

„Berlin, Berlin. Wir fahren nach Berlin.“ – „Du nimmst mich nicht ernst“, sagte er und hielt mich am Handgelenk fest, das gerade im Begriff war, ein Ei aufzuschlagen. „Gil, *dai maspik* …“, sagte ich. „Außerdem kennst du mich überhaupt nicht. Du hast ja keine Ahnung, was da auf dich zukommt.“ – *„Oi-wa-woi* …“, sagte er und riss beide Augen weit auf. „… so ein Leben ist lang.“

Mai

Zehnter Monat, in dem ich ein altmodisches Wort in meinem Kopf entdecke.

Ich hatte ja keine Ahnung. Kronprinzessin Viktoria von Schweden hatte etwas mit ihrem Fitnesstrainer („schon eine ganze Weile“, erklärte mir Charlotte Strohbach ungeduldig) und eine Leseschwäche dazu, die sie von ihrem Vater Gustav geerbt hatte, worüber man aber nicht sprach. („Wer hängt das schon an die große Glocke.“) Letizia von Spanien war schon einmal verheiratet („Oh, ja!“) bevor Felipe sie sich aus dem Fernsehen angelte, seitdem wurde sie (also Letizia) immer dünner, vermutlich wegen der ganzen Anstrengung. („Die Freiheit einer Prinzessin ist gemessen.“) Die liebste von allen aber war ihr Máxima (die von Holland), da war der Vater zwar „eieiei“, dafür hatte sie schon drei Töchter geboren und sprach viele Sprachen, was wiederum wichtig war, in ihrer Position, weil sie ja mit der Welt im Kontakt sein musste. Außerdem engagierte sie sich in Afrika. („Da wird darauf geachtet, dass man mit den Negern in einer guten Verbindung steht.“)

Wir saßen bei Kaffee und Kuchen. Ich las aus der „Frau im Spiegel“ vor, wobei wir nur schleppend vorankamen, weil mich Charlotte Strohbach bei jedem zweiten Satz unterbrach. Wie immer bei dieser Lektüre behandelte sie mich wie eine Nachhilfeschülerin, bei der man nicht wusste, wo man anfangen, was man als erstes erklären sollte. Zu meiner Ehrenrettung sei gesagt, dass ich sehr wohl mitbekommen hatte, dass Boris Becker „ein schlimmer Kerl“ war.

(„Der dreht jeder Frau ein Kind an, aber dafür bekommt sie eine Wohnung" – nur das mit der Wohnung hatte ich nicht gewusst.) Außerdem war Karel Gott endlich unter der Haube, mit 67 heiratete er zum ersten Mal, eine Frau, die ungefähr so alt war wie ich.

„Weiter, weiter, es kommt noch besser", sagte sie aufgeregt, legte ihre Hand auf meinen Unterarm und vergaß darüber, dass ich es war, die ihr die Geschichte vorgestern schon einmal vorgelesen hatte. Damit war die ganze Spannung raus, denn mir war bereits bekannt, dass die junge Braut ihr zweites Kind erwartete („Kolossal"). Nur am Rande sei erwähnt, damit kein falscher Eindruck entstand, dass Charlotte Strohbach „früher *so etwas*" nie gelesen hatte. Früher war vor *wie hieß diese Krankheit noch einmal*. Und *so etwas* war die „Frau im Spiegel".

„Es ist nicht so, dass man auf eine schiefe Bahn gerät", pflegte sie das Niveaugefälle zu beklagen. „Es ist nur so, dass man auf eine Ebene kommt, auf der man nicht unbedingt sein möchte."

Das Telefon klingelte.

Und zwar so laut, dass selbst Charlotte Strohbach erschrak. Sie nahm den Hörer ab, lauschte eine Weile. „Ja. Wie schön", rief sie dann in den Hörer. Ihre Stimme hoch erfreut. „Wie geht's euch denn allen?" Kurz darauf erstarb die Unterhaltung, wurde nur noch aufrecht erhalten von den Worten „Bitte?", „Bitte?", „Was?" ihrerseits, die sie immer ungeduldiger hervorbrachte. Schließlich reichte sie den Hörer weiter an mich. Anfangs hörte ich nur das Knacken in der Leitung, dann die Stimme eines Mannes, der englisch zu sprechen schien. „Hello, Hello?", hörte ich ihn sagen.

„Moishle", sagte die alte Dame, „Moishle" und zeigte mit ihrem Zeigefinger immer wieder auf die Hörmuschel. Moishle, ihr Sohn aus Amerika. Moishle erkundigte sich, wie es seiner Mutter ging, also fragte ich Charlotte Strohbach, wie es ihr ging, und übersetzte „Nun ja, was soll ich sagen, man wird nicht unbedingt jünger" ins Englische. Sie wollte alles auf einmal von ihrem Sohn wissen, wie es den Kindern ging und was seine Anstellung machte, sie war aufgeregt, nahm mir ein ums andere Mal den Hörer aus der Hand, um ihre Fragen selbst zu stellen, nur um dann resigniert festzustellen, dass ihr Sohn nicht verstand, was sie sagte, und den Hörer an mich zurückzureichen.

Das musste furchtbar sein. Die Stimme in der Leitung war so vertraut, aber die Bedeutung der Worte blieb ihr verschlossen. So als würde Moishle hinter einer dicken Scheibe aus Glas sitzen, sie konnte ihn sehen, sehen, dass er seinen Mund bewegte, doch was er sagte, erreichte sie nicht.

Ich gab mir alle Mühe, unsere Konferenzschaltung zu moderieren, und hatte am Ende herausgefunden, dass Moshe zum 100. Geburtstag nach Tel Aviv kommen würde. Vermutlich ohne seine Familie, leider, weil Nancy (seine Frau) Lehrerin war und keine Schulferien hatte. Adam (der älteste Sohn) hatte gerade einen neuen Job angetreten („Was du nicht sagst.") und Sara („mein Augapfel") stand kurz vor ihrem Master an der Universität.

Als wir auflegten war sie nervös. Das Gespräch hatte sie aufgewühlt.

„Haben Sie ein Foto von ihnen?", fragte ich, um sie auf andere Gedanken zu bringen. „Habe ich Ihnen noch keins gezeigt?" – „Bislang kenne ich nur ihren Sohn." Daraufhin lotste sie mich an den Wohnzimmerschrank, zu den Klarsichthüllen und Schuhkartons, ich nahm, wie mir geheißen, den ganz außen rechts, und stellte ihn vor ihr auf den Tisch. Behutsam nahm sie den Deckel ab, schob einige Bilder zur Seite und reichte mir schließlich das bunte Bild einer amerikanischen Familie, „cheeessseee", alle strahlend, am Ende mit Weichzeichner behandelt.

Sie fuhr mit ihrem schlanken Zeigefinger langsam über die Gesichter. „Moishle", sagte sie und verweilte einen

Augenblick. Dann bewegte sich ihr Finger weiter nach rechts zu einem toupierten Kopf. „Nancy". Von dort ging es einen Augenblick zu schnell weiter, als hätte sie die Vorliebe für ihr eigen Fleisch und Blut verbergen können. „Und das ist Adam – oder *Ädem*, wie man dort wohl sagt. Und das hier, das ist meine Sara." Ihr Finger blieb auf dem hübschen Gesicht einer jungen Frau liegen. *„Särah"*, dachte ich. „Wie meine Mutter. Meine Mutter hieß auch Sara", sagte sie und verstummte. „Kennen Sie meine Eltern eigentlich?"

Ich zögerte zu antworten. Natürlich kannte ich das schwarz-weiße Foto, das über ihrem Sessel an der Wand hing. Wenn sie nicht im Raum war, hatte ich es mir oft genug angesehen, hatte mir alle möglichen Gedanken gemacht. Die Phantasien kamen von selbst. Inzwischen wusste ich vieles von ihrem Leben in Palästina. Der Gepäckschein, Hannah Adam, die Maultaschen, Bronislav Huberman, die Bibliothek und „mein Curt". Von den Eltern hingegen wusste ich nur, dass ihre Mutter guten Apfelstrudel gebacken hatte. Aber das war noch in Karlsruhe gewesen. Also vermutete ich das Schlimmste. Und fürchtete, dass die Geschichte sie zu sehr aufregen könnte. Einen Schlaganfall hatte sie schließlich schon hinter sich – und damals hatte sie der Schlag getroffen, allein weil sie sich auf Silvester freute.

Charlotte Strohbach zeigte auf das Foto über ihr und bat mich, es ihr zu geben. An der Wand blieb ein helles Rechteck zurück, mit einem schwarzen Rand. „Vorsichtig", ermahnte sie mich ungeduldig. „Hier, das ist sie, meine Mutter", sagte sie und legte ihren langen Fingernagel auf das Glas des Rahmens. Es war eine elegante Frau, eine Dame, sie saß ganz vorne an der Kaffeetafel. „Und das hier, das ist mein Vater, sehen Sie, meine Tante, mein Onkel. Die Nachbarn, nette Leute waren das." Sie ließ das Foto in ihren Schoß sinken. „Keiner von ihnen ist jemals nach Palästina gekommen", sagte sie mit einer ungewohnten Härte in der Stimme. „Aber das war ja nicht das Schlimmste." Ich griff nach meiner Tasse Tee, hielt ihn in beiden Händen und blickte sie an. Vor ihrem inneren Auge mussten diese Jahre noch einmal vorbeiziehen, die Bilder, ihr Elternhaus, Karlsruhe, ihre Anstellung, ihre Kündigung, die Fahnen, die Anfänge, der Abschied, schließlich – das Schlimmste.

Ich wollte diesen, ihren Film so kurz wie möglich halten. „Sie sind gestorben", fragte, sagte ich vorsichtig, nach einer Weile und in der Hoffnung, die Geschichte, die ihre Biographie war, so schonend wie möglich hinter sie zu bringen. Auch hinter mich. „Nicht gestorben", sagte sie aufgebracht. „Vergast hat man sie." Sie fasste sich mit Daumen und Zeigefinger an die faltige Kehle, riss sie von rechts nach links. Wieder zurück. „Umgebracht. Von den eigenen Leuten."

Die Worte zerplatzten in meinem Kopf. Ich sah mich in diesem Wohnzimmer sitzen, vor dem Röschen-Porzellan, sah mein Hirn, das mit einem Mal leergefegt war. Oder im Gegenteil zu voll, als dass ich mich auf einen einzelnen Gedanken hätte konzentrieren können.

Was sagt man da? „Vergast. Umgebracht. Von den eigenen Leuten." So hatte sie noch nie mit mir gesprochen.

„Sie wissen ja, die schreckliche Geschichte ...", das war der Satz, den ich von ihr kannte, immer dann, wenn wir in die nähere Umgebung des Dritten Reichs gelangten. Und dann verließen wir diese Gegend auch schon wieder und umfuhren die Baustelle weiträumig. Bislang war das ihre Art gewesen, mit unserer Geschichte umzugehen, wahrscheinlich auch, um es mir leichter zu machen. Jetzt kam es mir so vor, als hätte die Nervosität des Telefongesprächs, die Frustration auch, eine Kammer in ihrem Körper geöffnet. Die Giftkammer. Sie lag tief verborgen in ihrem hundertjährigen Körper, und ein Teil von mir dachte, dass es gut war. Raus damit. Raus damit. Selbst wenn es immer da sein würde.

Das Merkwürdige daran war, dachte ich später, dass mein erster Gedanke nicht der Tatsache galt, dass ich selbst eine von „den eigenen Leuten“ war. Vielmehr war in mir in den vergangenen Monaten das Gefühl gewachsen, dass sie meine Großmutter sein könnte, mehr das als alles andere. Gut, wir hatten uns hier in Tel Aviv getroffen, aber im Grunde hätte ihr Leben auch ganz anders laufen können. Wäre ihr Leben, die Geschichte, anders verlaufen, hätte sie vermutlich eine Enkelin wie mich. Wenn. Dann. Wäre die Geschichte anders verlaufen, wäre Charlotte Strohbach in Karlsruhe geblieben, hätte ihre Anstellung behalten, vermutlich bald einen anderen Mann kennengelernt, und mit ihrem Sohn Deutsch gesprochen, wäre mit ihm im Schlosspark spazieren gegangen.

Später hätte sie eine Enkelin haben können, die Sara hieß und nicht *Sărah*. Eine Enkelin, die ungefähr so alt war wie ich. Eine Enkelin, die mit ihr Scrabble spielen konnte. Eine Enkelin, die das Schloss in Karlsruhe kannte. Eine Enkelin vor allem, die verstand, was sie sagte. Doch jetzt war ich hier, jetzt musste sie mit mir vorlieb nehmen, mit der sie mehr gemein hatte als mit ihrem eigen Fleisch und Blut. Eine Art Enkelin. Im Grunde war ich die Fortsetzung ihrer abgebrochenen Geschichte. In mir lebte der Teil ihrer Biographie, den sie hinter sich lassen musste. Auch wenn ich zugleich eine „von den eigenen Leute war“.

„Wir haben doch immer gedacht, wir würden uns hier wiedersehen“, sagte Charlotte Strohbach. Ruhiger geworden. Die Tür zur Giftkammer stand nicht mehr sperrangelweit offen, nur durch einen Spalt schlichen noch einzelne Bilder hinaus, zu uns. Ich sah die Mutter die Kisten packen, für die Überfahrt nach Palästina, ganz praktische Dinge, der Primus-Kocher, die Backformen und Kuchenrezepte. Ihre Eltern am Bahnhof. Sie winkten und wurden immer kleiner.

„Ich kann sie doch noch sehen“, sagte sie, als wäre das

der Beweis dafür, dass alles niemals geschehen war. Als wäre alles nur ein Alptraum, aus dem sie irgendwann wieder erwachen würde.

Sie kämpfte mit den Tränen. Gab sich alle Mühe. Doch ihre Augen waren schon ganz rot und glasig. „Nicht", wollte ich ihr erschrocken zurufen. „Nicht, das tut doch weh. Nicht aufregen. Nicht in ihrem Alter." Und dann wieder: „Raus damit. Loslassen. Laufen lassen. Wir machen das gemeinsam."

Ich gab ihr meine Hand. Wir machten das gemeinsam.

Nach einer Ewigkeit reichte sie mir den Holzrahmen, das Foto von der Kaffeetafel, auf dass ich es zurück an seinen Platz hängen möge.

Alle waren in Auschwitz gestorben. Erst Jahre später kam ein Brief vom Roten Kreuz.

„Ich hätte gerne in einer Welt gelebt, die sich nicht so schnell verändert", sagte sie schließlich. Ich dachte an ihre Flucht nach Palästina, das unwirtliche Land in den Anfangsjahren, die Hitze und den Staub, die Nachrichten aus Deutschland, ein Krieg nach dem nächsten. Seit sie hier lebte, hatte es sechs Kriege um dieses Land gegeben. 1948, 1956, 1967, 1973, 1982, 2006. Für mich waren es nur Jahreszahlen. Hinzukamen die Erste und die Zweite Intifada.

Ich hätte gerne in einer Welt gelebt, die sich nicht so schnell verändert.

Ich war nach Tel Aviv gegangen, weil sich meine Welt nicht verändert hatte. Ganze drei oder vielleicht vier Jahre lang. Was für ein Luxus.

In meinem Kopf entdeckte ich dieses altmodische Wort. Dankbarkeit.

Juni

Elfter Monat, in dem uns eine Wassermelone zurollt, die geschliffenen Gläser auf den Tisch kommen und wir für die Familie beten.

Die Wassermelone hätte uns fast das Genick gebrochen. Sie rollte uns genau vor den Reifen. Auf der ganzen Straße lagen grüne Schalen, aufgeplatzt, das rote Fruchtfleisch zerfloss auf dem heißen Asphalt. Gil lenkte sein Mofa durch das Schlachtfeld. Am Rand lag ein kleiner blauer Transporter, seine schmalen Reifen von sich gestreckt, offenbar hatte er die letzte Kurve mit zu viel Karacho genommen. Der kleine, dicke Fahrer stand am Rande des Geschehens, fassungslos, aber unverletzt, hatte er sich eine Zigarette zwischen die Lippen geklemmt. *Das geht mir nicht in den Kopf*, war ihm ins Gesicht geschrieben.

Wir waren am Meer gewesen, am *Hatsuk*, am Kliff, einem Strand zwischen Tel Aviv und Herzliya. Es war einer der wenigen Sandstreifen, an dem man seine Ruhe fand. Anderorts lief man Gefahr, von einem *Matkok*-Schläger, einer Frisbee-Scheibe oder einem Surfbrett erschlagen zu werden. Inzwischen schienen mir dies die wahren Herausforderungen des Nahen Ostens zu sein. Und Wassermelonen eben.

Gil parkte sein Mofa am rechten Straßenrand. „*Rega*", sagte er, ohne seinen Helm abzunehmen. „Warte." Kurz darauf kam er mit einer unversehrten Melone zurück und drückte sie mir in die Hand, oder besser gesagt in die Arme. Sie hatte die Größe eines Medizinballs. *„Rega, rega ...“*, hörte ich jemanden von der anderen Straßenseite rufen. Doch da hatte Gil den Motor schon gestartet. *„Rega, rega ...“*. Ich klemmte die Melone zwischen uns, hielt mich an seiner Taille fest, und, *yalla, kadima,* los ging's.

Wir entkamen über die Landstraße, ließen Sde Dov, den kleinen Flughafen, hinter uns, überquerten den Hayarkon und kamen schließlich zurück in das dichte Netz der Stadt. Wir fuhren über die Ben Yehuda, vorbei an den vielen Brautmoden und Schuhgeschäften, den ungezählten Frisiersalons, *on parle français,* den Straßencafés, eins nach dem anderen, alle voll, den Saftständen und Blumenhändlern. Schließlich setzte Gil mich bei Charlotte Strohbach ab. Ich war schon weit über der Zeit.

„Nimm sie doch mit“, sagte Gil und meinte die Melone. „Die ist doch viel zu groß für sie.“ – „Für mich auch. Wie soll ich denn ohne dich überhaupt weiterfahren?“ – „Keine Ahnung, ob sie überhaupt Melone isst.“ – „Na, dann probiert sie eben mal was Neues.“ – *„Beséder“*, sagte ich und drückte ihm einen Kuss auf den Mund. Er hielt mich an der Hand zurück. Aus dem Augenwinkel sah ich, dass sich in Charlotte Strohbachs Fenster die Gardine bewegte. „Nimmersatt“, sagte ich. Ohne Widerstand. „Niehmmersatt?“ – „Nimmersatt.“ – „Was ist ein Niehmmersatt?“ Ein Nimmersatt war ein ... ach, auch egal, später.

„Ich muss wirklich los“, sagte ich und stürmte mit der Wassermelone in den dritten Stock, wo sich die Wohnungstüre überraschend schnell öffnete. Charlotte Strohbach sah mich unschuldig an. *„Shalom“*, sagte sie. – *„Shalom“*. Bevor sie irgendetwas von einem *Kuschper* sagen konnte, war ich auch schon in der Küche verschwunden. Tat, als sei nichts gewesen.

Im Kühlschrank fand ich noch ein Stück Schafskäse, ich schnitt die Melone auf und legte alles auf einen großen Teller. „Hmm. Gut. Habe ich schon lange nicht mehr gegessen.“ – „Können wir zu ihrem Geburtstag auch machen“, sagte ich.

Ich hatte sie inzwischen davon überzeugen können, ihren Geburtstag auf Noas Dach zu feiern. Die Vorbereitungen liefen auf Hochtouren. Vor allem musste es genug zu Essen geben. Wehe, da würde irgendjemand hungrig nach Hause gehen. Das gehörte sich nicht. Unter ihrer kritischen Anleitung hatte ich in der vergangenen Woche sogar einen Apfelstrudel gebacken. Blätterteig. Hatte ich vorher noch nie gemacht. *Sie haben sich Mühe gegeben.* Mehr war leider nicht drin gewesen.

„Darf ich Sie jetzt mal etwas Persönliches fragen?“, fragte sie, als sie mit der Melone fertig war. „Ja, klar.“ – „Kommt der junge Mann auch?“ – „Wenn Sie ihn einladen. Es wird ihm eine Ehre sein.“ – „Gut“, sagte sie zufrieden und verfiel in ein feierliches Schweigen. „Es ist an der Zeit, meine ich“, sagte sie dann. „Wollen wir jetzt nicht einmal *Du* zueinander sagen?“ Ich war um eine stilgerechte Antwort verlegen. Das kam jetzt alles etwas plötzlich. „Also, ich bin die Charlotte.“ Mein Herz machte einen Sprung. Mit dem Mandel-Likör stießen wir auf unsere Bruderschaft an – heute die geschliffenen Gläser.

Mein Vater sollte um 15.35 Uhr in Ben Gurion landen. Wie immer war ich viel zu früh am Flughafen und setzte mich in die Cafeteria in der Ankunftshalle. Es machte mir nichts aus. Ich mochte Flughäfen. Flughäfen waren wie Silvester. Immer, wenn ich auf dem Weg zu einem Flughafen war, dachte ich darüber nach, was war und was kommen wird, was sich seit meiner Ankunft verändert hatte oder was sich nach meinem Abflug verändern würde. Jetzt erinnerte ich mich daran, wie ich zum allerersten Mal in Ben Gurion gelandet war. Die Hosen voll. Damals war die Erste Intifada einige Jahre vorbei, die Zweite hatte noch nicht angefangen und trotzdem hatte ich nichts als Blaulichter in meinem

Kopf. Doch dann hatte draußen, hinter dem Gepäckband, Alón gestanden und wir waren direkt ans Meer gefahren. Es war Mitte März gewesen, in Berlin war seit Monaten Winter und in Tel Aviv schien die Sonne. Mehr brauchte ich wohl kaum zu sagen. Alón hatte mich während dieser ersten Woche an die Hand genommen, das gab mir Sicherheit. In den Jahren danach war meine Angst kleiner geworden, aber ich war immer froh gewesen, dass Alón mich abholte. Am Ende war ich zurück nach Hause geflogen und hatte schon von Frankfurt aus meine Eltern angerufen, um ihnen zu sagen, dass alles in Ordnung war. Sie waren immer erleichtert gewesen. So wie ich selbst.

Und jetzt lebte ich hier.

Die Angst war mir wohl abhanden gekommen, jedenfalls begleitete sie mich nicht täglich, dafür hatte sich eine gewisse Spannung in mein Lebensgefühl geschlichen. Ich hatte dazu inzwischen meine eigene Theorie entwickelt. Die Wellentheorie. Und die ging so. Die erste Welle kam mit der Furcht, die sich aus den bekannten Bildern speiste. Dann aber sah man das Meer, es spülte die Bilder hinweg, sie wurden bald unter bunten Badetüchern begraben. Und erstaunt stellte man fest, dass es hier ein ganz normales Leben gab. Ein verrücktes Leben zwar, aber alltäglich, fröhlich auch. Doch umso länger man hier lebte, umso größer wurde die nächste Welle, die über einen hereinbrach. Man lernte die Menschen kennen, die hier lebten. Menschen, die im Dolphinarium waren, in der Diskothek am Strand, einen Abend bevor dort eine Bombe explodierte. Menschen, die unter Todesangst litten, weil ihre Kinder während der Zweiten Intifada in Jerusalem studierten und ihr Telefon nicht abnahmen. Menschen, die an der Front im Zweiten Libanonkrieg gewesen waren, ein toter Kamerad auf ihren Schultern. Menschen, deren Väter im Iom-Kippur-Krieg gefallen waren. Umso länger man hier lebte, umso näher kamen die Einschläge. Zwischendurch musste man immer mal wieder ans Meer.

Es war das erste Mal, dass ich in Ben Gurion jemanden abholte. Bislang war immer ich die Reisende gewesen. Am Morgen hatte meine Mutter angerufen, auf dem Weg zurück nach Hause, nachdem sie meinen Vater zum Flughafen gebracht hatte. Sie hatte sich bemüht, nicht allzu besorgt zu klingen. Doch ich hatte die Schwere in ihrer Stimme deutlich hören können. Sie erzählte mir, dass sie am Wochenende zu meiner jüngsten Schwester fahren würde, mit den Enkeln, das würde bestimmt schön werden, und dann käme mein Vater ja auch schon fast wieder.

„Mach dir keine Sorgen, Mama", hörte ich mich sagen und dann tatsächlich. „Es ist wahrscheinlicher, in Israel bei einem Autounfall ums Leben zu kommen als bei einem Anschlag." Dabei war ich mit einem Mietwagen zum Flughafen gekommen.

Um ganz ehrlich zu sein, befand sich auch mein eigener Magen-Darm-Trakt nicht in einem Zustand der absoluten Harmonie. Das Gegenteil war der Fall. Zum ersten Mal in meinem Leben hatte ich das Gefühl, so etwas wie Verantwortung für meinen Vater zu übernehmen. Auch wenn Herr Lindemann sicherlich eine gewisse Mitschuld trug. Trotzdem. Wäre ich nicht hier, würde er wohl kaum eine Woche durch Israel reisen. Conditio sine qua non. Bedingung, ohne die nicht. Ich wusste, ich würde es mir niemals verzeihen, wenn ihm etwas zustoßen würde. Aber auch: Ich würde stolz darauf sein, wenn wir es geschafft hatten.

Ich bestellte einen *te nana*, einen Tee mit frischer Minze, und sah den anderen zu. Am Flughafen mischten sich noch alle, wurden zu einem Querschnitt des israelischen Lebens. Ultraorthodoxe Juden, russische Einwanderer, wohlhabende Amerikaner und pilgernde Touristen, von hier aus verstreuten sie sich in ihre eigenen Stadtviertel, Trabantenstädte, Penthouses und Reisebusse. Manche von ihnen hatten Plakate mitgebracht, *bruchim harbaim*, herzlich willkommen, hielten Luftballons in ihren Händen und fielen sich freudig in die Arme. Ich malte mir aus, wie es nach dieser Szene weitergehen würde. Den Wagen im Parkhaus suchen, die Koffer verstauen, nach Hause kommen und die Blumen ins Wasser stellen. Fragte mich, wie lange die Kraft der Umarmungen reichen würde, versuchte es in den Gesichtern abzulesen, schätzte, wann der Alltag in die Beziehungen zurückkehren würde.

Und auch: Wie lange würde es zwischen mir und meinem Vater gut gehen? Was würde geschehen in dieser Zeitspanne zwischen Ankunft und Abflug? Zwei Mal Ben Gurion. Spätestens, wenn die Sprache auf die Zukunft kommen würde, und sie würde darauf kommen, hätten wir uns in den Haaren. Doch ich hatte mir fest vorgenommen, ganz ruhig zu bleiben, meinem Alter entsprechend zu handeln. Ich würde mich auf meinen Fixpunkt konzentrieren, *shiva veneshiva*, um nicht aus dem Gleichgewicht zu geraten. Auch wenn ich noch nicht genau wusste, wo dieser Fixpunkt eigentlich war.

Dann piepte mein Telefon. Zwei Mal. Kurz hintereinander. 1 message received. „Take it easy. But take it." Die Nachricht kam von Gil. Als ich vor zehn Monaten hier gelandet war, hätte ich es nicht für möglich gehalten, dass sich mein Leben so sehr verändern würde. Fast schien es mir, als sei es von heute auf morgen geschehen. Wobei …

Die große Tafel zeigte nun an, dass seine Maschine gelandet war. Ich stellte mich zu den anderen, die an dem Geländer warteten, und starrte auf die große Schiebetür, die einen Passagier nach dem nächsten freigab. Sie alle traten hinaus, guckten irritiert, als seien sie von einem Licht geblendet, bis ihre Augen zur Ruhe kamen und sie ihren Abholer in der Menge ausmachten. Endlich mischte sich auch mein Vater unter sie, wurde einer von ihnen und lief suchenden Blickes auf den Ausgang zu. Mir blieb ein

Augenblick, um ihn mir anzusehen. Er war groß gewachsen, lief mit aufrechtem Gang, und obwohl er bald 65 wurde, waren seine schwarzen Haare kaum ergraut. Über seiner Jeans trug er ein dunkelblaues Jackett, ein weißes Hemd. Er sah aus wie jemand, der sein Leben zu meistern verstand, und bislang hatte er mir niemals Anlass gegeben, daran zu zweifeln.

Ich rief nach ihm. Er winkte mir zu. „Da bist du ja", sagte er, als er bei mir war.

Wir fuhren direkt nach Jerusalem. Mein Vater saß am Steuer. Kaum waren wir in der Stadt, sah ich, wie seine Augen den ultraorthodoxen Juden folgten, in diese eigentümliche Welt eintauchten. Er sah den Männern nach in ihren langen, schwarzen Gebetsmänteln, die mit fliegenden Schläfenlocken und Rockschößen über die Straßen eilten. Unterwegs in einer wichtigen Mission. Die Frauen trugen lange schwarze Röcke, stemmten ihre Kinderwagen über die Hügel der Stadt. Sie trugen schwere Perücken, mussten darunter schwitzen, allein ihr Anblick ließ meine Kopfhaut jucken. Eigentlich, so dachte ich jetzt, hätten wir in Tel Aviv anfangen sollen. Erst die Leichtigkeit, ein sanfter Einstieg, dann die Schwere der heiligen Stadt. Doch wir hatten keine Zeit. Mein Vater hatte gleich am nächsten Morgen einen Termin bei diesem Nachman Goldberg. Der Stadtplan lag auf meinen Knien und ich dirigierte ihn zu unserem Hotel. Als wir an einer Ampel hielten, liefen zwei junge Soldaten mit Sturmgewehren vor uns über die Straße. Hinter uns heulten die Sirenen eines Polizeiwagens.

„Hier ist ja was los", sagte mein Vater. Abenteuerlust klang anders.

Am Abend gingen wir in einem Restaurant in der German Colony essen. „Die wollten doch noch einmal anrufen." Mein Vater hatte sein Telefon neben sich auf den Tisch gelegt. Er wartete auf einen Anruf der Rezeption. Er wollte das Zimmer wechseln. Die Klimaanlage in seinem funktionierte nicht. Und dazu war es in der Tat schon zu heiß. „Die rufen sicher gleich zurück." – „Dafür ist das Zimmer einfach zu teuer", sagte er ungeduldig und sah noch einmal auf sein Display. „Was steht denn morgen mit Goldberg nun eigentlich an?", versuchte ich es. „Wollen wir nicht erst einmal bestellen?" – „Hast du Hunger?" – „Gibt es keine Speisekarte auf Englisch?" Mein Vater starrte auf die hebräischen Schriftzeichen und ich beeilte mich, die Karte zu übersetzen. So gut es ging. Bestellte bei der Kellnerin erst einmal Brot und Wein.

„Lecha'im", sagte ich, „auf das Leben", und erhob mein kühles Glas. „Schön, dass du da bist." – „Ja, auf unsere Reise", sagte mein Vater. „Zum Wohl."

„Also, wie ist es weitergegangen?", fragte ich noch einmal. Der Fall hatte inzwischen meinen Jagdinstinkt geweckt.

Mein Vater begab sich nur schwerfällig in das Dickicht dieser ganzen Geschichte. „Wir haben das Bild jetzt erst einmal schätzen lassen", sagte er. „Es ist um die 200 000 Euro wert. Allerdings ist immer noch nicht klar, ob sie das Geld überhaupt wollen. Oder eben das Bild." – „Und was will Lindemann?" – „Er ist zu allem bereit. Er hat das Bild von seinen Eltern geerbt, er hängt daran. Aber wenn sie darauf bestehen, wird er es selbstverständlich zurückgeben. Mehr als alles andere will er die Sache aus der Welt haben. Inzwischen ruft er mich jede Woche an", sagte er. „Er lässt dich übrigens grüßen." – „Danke", murmelte ich, in Gedanken woanders. „Und dieser Goldberg, was ist das für ein Typ?" – „Ein echter Chaot", sagte mein Vater ärgerlich. „Eine Vollmacht des Mandanten zum Beispiel habe ich bis heute noch nicht gesehen." – „Glaubst du, dass er darauf aus ist, Ärger zu machen?" – „Macht erst einmal nicht den Eindruck. Am Telefon ist er immer recht freundlich. Aber was weiß denn ich? Mit israelischen Anwälten hatte ich schließlich noch nie etwas zu tun."

„Wem gehörte das Bild denn ursprünglich?" – „Die ehemaligen Eigentümer lebten in Berlin, am Wannsee, sie waren fast Nachbarn von den Liebermanns. In den späten Dreißigern haben sie das Bild an einen Kunsthändler verkauft. Sie wollten wohl raus aus Deutschland. Jedenfalls haben sie 1937 die Reichsfluchtsteuer gezahlt. Dafür gibt es Belege." – „Weißt du, was aus ihnen geworden ist?" – „Am Ende haben sie es nicht geschafft." – „Was heißt das?", fragte ich. Vermutlich eine Spur zu hartnäckig. In meinem Vater schien das ganze Programm abzulaufen. *Was heißt, sie haben es nicht geschafft, was soll die vorwurfsvolle Frage, was habe ich damit zu tun, ich war damals noch nicht einmal geboren, was kommst du mir jetzt damit, ich kann doch wirklich nichts dafür.* Wusste ich doch selbst. Ich wollte doch nur wissen. Meine Frage blieb über dem Tisch hängen.

Dann kam die Kellnerin mit dem Essen. Und die Rezeption rief an, um meinem Vater zu sagen, dass sie seine Koffer schon umgeräumt hatten. Zimmer 107. Mit Klimaanlage. „Soll ich denn morgen mitkommen?", fragte ich schließlich. „Davon war ich eigentlich ausgegangen."

Nachman Goldberg öffnete am nächsten Morgen persönlich die Tür. Er war ein kleiner, drahtiger Mann mit fröhlichen Augen. Über seinem gestreiften Hemd trug er eine blaue Krawatte, die vollen hellgrauen Haare kringelten sich von seinem Kopf. Ein wenig wirr. *„Boker tov"*, sagte er gut gelaunt. „Guten Tag. Kommen Sie rein."

Durch eine der offenen Türen sah ich eine dünne, etwas verknittert wirkende Frau an ihrem Schreibtisch sitzen, sie brütete über einer Akte. Als sie uns reinkommen sah, hob sie die Zigarette zum Gruß. Goldberg bat uns in sein Büro, in das die Sonne unerbittlich knallte, sie hatte die Papiere, die haufenweise auf der Fensterbank lagen, im Laufe vieler Monate ausgeblichen. Vor der Scheibe hing windschief eine Jalousie, deren Lamellen sich an einer Seite verharkt hatten. Goldberg nahm einen Stapel Akten von den Stühlen vor seinem Schreibtisch und bat uns, Platz zu nehmen.

„Wollen Sie einen Kaffee?", fragte er. Ich trug zum ersten Mal seit langer Zeit ein Jackett. Allein der Gedanke an einen Kaffee – ich lehnte dankend ab und feuerte in Gedanken die alte *Electra* an, die lautstark kalte Luft in den Raum pustete. „Ein Wasser wäre mir lieber", sagte ich. Mein Vater sah mich fragend an. Ich zuckte mit den Schultern, *lassen wir uns überraschen.*

Goldberg kam mit drei Gläsern in den Händen und einer Zwei-Liter-Plastikflasche unter dem Arm zurück zu uns, schloss mit dem Fuß die Türe zu seinem Büro. „Wie war die Reise?", fragte er meinen Vater in gebrochenem Englisch und setzte sich hinter seinen Schreibtisch. „Bestens", sagte mein Vater und legte die Akte auf den Tisch. Ich sah darauf einen Zettel mit Fräulein Fröhlichs Schrift:

Termin: 2. Juni, 12 Uhr, Jerusalem, Bezalel Straße 63.

Sache: Dr. Lindemann ·/. ?

Mein Vater war gekommen, um dieses Fragezeichen zu ersetzen. Einige andere auch. Er klappte die Akte auf. „Sind Sie zum ersten Mal in Israel?", fragte Goldberg meinen Vater. „Ja, ja", ohne weiter darauf einzugehen. „Und Sie?", Goldberg wandte sich an mich. „Sie arbeiten mit ihrem Vater zusammen?" – „Nein, nein. Ich lebe nur gerade hier. Ich meine, in Tel Aviv." – „Das ist ja toll. Was machen Sie denn da?" – „Meine Tochter ist auch Anwältin", sagte mein Vater. Er hatte seine Hand auf die erste Seite der Akte gelegt und war fest entschlossen, jetzt Klarheit zu schaffen. „Wer ist denn nun eigentlich der Kläger hier?" (*Wer* will was, von wem, woraus, warum?)

„Langsam, langsam, wer spricht denn gleich von einer Klage?", sagte Goldberg, lehnte sich in seinem Stuhl zurück und legte die Hände zusammen, wobei beide Zeigefinger seine Nasenspitze berührten. „Erbe des Bildes dürfte

Shamuel Nagid sein. Er ist 1938 mit der *Aliyat Ha-Noar* nach Israel gekommen. Ich weiß nicht, ob ihnen das etwas sagt? Diese Organisation wurde 1933 gegründet, sie hat vor allem jüdische Kinder und Jugendliche nach Palästina gebracht. Nagid selbst ist inzwischen über achtzig und lebt in einem *Kibbuz* südlich von Haifa. Ich glaube sogar, er war einer der Gründungsmitglieder, der *Kibbuz* wurde in den Dreißigern von deutschen Immigranten gegründet." „*Kibbuz* Hasorea?", fragte ich. „Ach, kennen Sie den?" – „Habe davon gehört."

„Waren Sie schon mal in einem *Kibbuz*?", fragte Goldberg, an meinen Vater gewandt. „Nein, nein", sagte mein Vater ungeduldig. „Hatten Sie denn schon einmal Kontakt mit diesem Shamuel ...", er sah in die Akte, „... mit diesem Shamuel Nagid?" – „Bislang hatte ich nur Kontakt zu seinem Enkel. Er ist ein ganz findiger junger Mann, so Ende zwanzig. Er hat die ganze Sache überhaupt erst ins Rollen gebracht. Wie das häufig so ist. In der letzten Zeit habe ich viele dieser Fälle hier. Meist geht es um Kunstwerke, die irgendwo in deutschen Museen oder Privathäusern hängen. Sehen Sie, das hat er alles recherchiert ...", sagte Goldberg und legte einen Haufen Papiere vor uns auf den Tisch. „Er wollte einen deutschen Pass beantragen. Wie das so ist. Erst die dritte Generation fängt an, Fragen zu stellen. Für die zweite Generation war das häufig noch zu früh. Inzwischen beantragen übrigens viele junge Israelis mit deutschen Wurzeln einen deutschen Pass."

„Was ist denn mit den Eltern von Shamuel Nagid passiert?", fragte ich. „Sie haben noch versucht, nach Palästina zu kommen. Aber es war zu spät. So viel ich weiß, sind sie in Birkenau umgekommen." Einen Augenblick war nur die gute alte *Electra* zu hören. „Ich wollte demnächst mal nach Hasorea fahren", sagte Goldberg. „Bislang bin ich dazu nur noch nicht gekommen." – „Gibt es denn schon eine Vollmacht?", fragte mein Vater. „Nein." – „Und worüber sprechen wir überhaupt? Das Bild oder Geld?", fragte mein Vater immer ungeduldiger. (Wer will *was*, von wem, woraus, warum?)

„Das muss ich noch klären." – „Dann halte ich also fest, dass Sie die Vollmacht besorgen und mit ihrem Mandaten klären, was er eigentlich will", sagte mein Vater ungehalten und machte sich eine Gesprächsnotiz. Für einen Augenblick drohte die Stimmung zu kippen.

„Hakol hije beséder", sagte Goldberg. „Alles wird gut", übersetzte ich für meinen Vater. Riet ihm allerdings davon ab, darauf zu vertrauen. „Was halten Sie davon, wenn wir erst einmal etwas essen gehen?", fragte Goldberg, strategisch günstig. „Wir können ja danach weitersprechen. Haben Sie Hunger?"

Als wir an der Türe waren, lockerte er seine Krawatte, zog sie über den Kopf, ohne den Knoten zu öffnen, und hängte sie an die Garderobe. „Wir gehen zu Ilena", rief er seiner Kollegin zu. Sie hob ihre Zigarette. *Alles klar.*

Ilena war ein kleines kurdisches Restaurant, direkt neben dem Markt in Jerusalem. Es war voll besetzt. Über den Steinfußboden hallten die Stimmen der Gäste, das Klappern des Bestecks. Eine Frau mittleren Alters, von der ich annahm, dass sie Ilena war, begrüßte uns am Eingang. Goldberg legte ihr zur Begrüßung die Hand auf die Schulter und dirigierte uns an den letzten freien Tisch, hinten in der Ecke, es war sein Stammtisch. „Ich komme jeden Mittag her", sagte er, als sei diese Erklärung nötig gewesen.

Ilena kam mit mehreren kleinen Schälchen und stellte sie vor uns auf den Tisch. Hackfleischbällchen. Rote Beete. Krautsalat. Gedünstete Karotten. Fladenbrot. An den Wänden sah ich die Fotos verschiedener Rabbis. Daneben ihre Zertifikate. Der Laden war *kosher*.

„Und, wie gefällt es Ihnen in Israel?", fragte Goldberg. „Sehr gut", sagte ich. „Meistens jedenfalls." Am Eingang hatte sich inzwischen eine lange Schlange gebildet, alle warteten auf einen Platz. Mehr oder weniger geduldig. Von den

Tischen riefen die Gäste „Ilena, Ilena". Aber Ilena ließ sich nicht aus der Ruhe bringen. Kaum hörte sie ihren Namen, hielt sie inne, egal, was sie gerade tat. Stellte die abgegessenen Teller zurück auf den Tisch. Die Flasche Wasser zurück auf die Bar. Drehte sich langsam zu den Rufenden um. *„Rega, rega"*, sagte sie provokant gelassen. „Ich habe nur zwei Hände." Hielt ihre Hände in die Höhe. „Und zwei Beine. *Sawlanut, sawlanut* ... Geduld, Geduld".

„Was machen Sie denn hier? Arbeiten Sie in einer Kanzlei?" – „Nein, nein. Gar nicht", entgegnete ich. „Ich betreue eine alte Dame." Der große Ventilator an der Decke drehte schwerfällig seine Runden, von ihm war nicht allzu viel zu erwarten, und ich zog endlich mein Jackett aus. Hängte es über die Lehne. „Sie wird nächste Woche hundert." – „Hundert? Unglaublich. Diese *Jeckes*", sagte er. „Ich glaube ja, die leben so lange, weil sie sich nicht so aufregen. Wir Israelis verbrauchen viel zu viel Energie, weil wir uns ständig viel zu sehr aufregen." – „Sie lassen sich aber auch nicht so schnell aus der Ruhe bringen", gab ich zurück. Er lachte.

Inzwischen war bei Ilena der Hauptgang bestellt, es war nicht mehr als ein stilles Einvernehmen zwischen den beiden, und kurz darauf brachte sie große Platten mit Hähnchenspießen. Lammspießen. Gurken-Tomaten-Zwiebel-Salat. Reis und Pommes Frites.

Mein Vater entschuldigte sich auf die Toilette. Nach einer Weile kam er zurück, das helle Jackett über dem Arm. Er hatte die Krawatte abgenommen. Ich sah den dunkelroten Stoff aus der Jackentasche schimmern. Sauber gefaltet.

Wirklich. Der Fall fing an, mir zu gefallen.

Am nächsten Tag nahmen wir uns Zeit für Jerusalem. Wir gingen durch das Damaskustor. Liefen in die Altstadt, das muslimische Viertel, über die Via Dolorosa, das christliche Viertel, in die Grabeskirche zur Klagemauer. Das jüdische Viertel. Sahen aus der Ferne den verschlossenen Tempelberg, die Al-Aqsa-Moschee und den Felsendom. Durch das armenische Viertel, schließlich zum Berg Zion.

Unser Reiseführer empfahl einen Besuch im Abendmahlsaal, gleich neben der Dormitio-Kirche. Jesus brach zum letzten Mal vor seinem Tod das Brot. Es hieß, dass den Jüngern hier auch der Heilige Geist erschienen sei. Zu Pfingsten.

Der Saal lag in der ersten Etage. Wir wollten gerade die Treppen hinaufgehen, als wir zurückgerufen wurden. *„Rega! Rega!“* Wir drehten uns um. Hinter uns kam ein Mann zum Stehen, mit grauen Stoppeln, mehr Glatze als Haare, er hatte seine Sonnenbrille auf den Schädel geschoben. Kaute Kaugummi und hielt sein Telefon in der Hand.

„I-efschar“, sagte er, begrüßte uns mit Handschlag und stellte sich als Golani vor. „Was sagt er?“, fragte mein Vater. „Wir können da nicht alleine rein“, sagte ich. – „Das kann ich mir kaum vorstellen“, sagte mein Vater und verwies auf unseren Reiseführer. „Are you believers?“, fragte Golani. *„Ken, ken“*, sagte ich. „Ja, ja.“ – „Das ist doch Blödsinn“, sagte mein Vater. „Neue Vorschriften“, sagte Golani. „Das ist schon möglich“, sagte ich zu meinem Vater. „Vielleicht ist der Reiseführer nicht mehr ganz aktuell.“ – „Für wie dämlich hält er uns eigentlich?“, sagte mein Vater.

Was Golani nicht verstand, mich allerdings in meiner Alltagskompetenz beleidigte. Immerhin lebte ich seit fast einem Jahr hier, war also durchaus in der Lage, Touristenfallen vom wahren Leben zu unterscheiden. Also kam es, wie es kommen musste, ich bestand erst recht darauf, dass wir uns ihm anschlossen. Es ging hin und her. Golani beobachtete uns interessiert. Der Sieg ging schließlich an mich. Doch ich sollte nur kurz Freude daran haben.

Wir gingen zuerst in die Synagoge im Erdgeschoss. Vor der Türe sprachen strenggläubige Juden jiddisch miteinander, das Hebräische behielten sie allein den Heiligen Schriften vor. Im Inneren beteten Männer und Frauen getrennt voneinander. Golani legte meinem Vater eine *Kippa* aus weißer Pappe auf den Kopf und wies mir den Weg in meine Abteilung. Ein kleines Kabuff eher, von dem aus man den Herren durch ein Gitter beim Beten zusehen durfte. Wir trafen uns vor dem Eingang wieder und gingen über eine Außentreppe hinauf in die erste Etage. Während Golani die gesamte Leidensgeschichte herunterleierte, als hätten wir noch nie in der Bibel gelesen, beobachtete ich einige amerikanische Touristen, die ganz auf eigene Faust durch das Bogengewölbe wandelten. Ich versuchte, sie zu ignorieren. Hoffte, dass es mein Vater mir gleich tat. Schließlich führte Golani uns vor eine verschlossene Tür in der Wand. Ehe wir uns versahen nahm er unsere Hände, eine rechts und eine links, fragte meinen Vater nach seinem Namen.

Durch eben diese Türe, so erklärte er uns, sei damals der Heilige Geist gekommen. Dann legte er ein ernstes Gesicht auf, ganz Demut vor diesem weihevollen Ort, atmete tief ein und sagte mit besinnlicher Stimme: „We pray for Friedrich and his family." Dann schloss er die Augen.

Ich tat es ihm nach, ganz der Hoffnung ergeben, dieser Kelch möge bald an mir vorübergehen. Noch durch die geschlossenen Lider spürte ich den vorwurfsvollen Blick meines Vaters, der sich, an unserem Vorbeter vorbei, seinen Weg zu mir suchte.

Als alles vorbei war, starrte ich auf den hellen Steinfußboden und Golani erbot sich, uns als nächstes zum Garten Gethsemane, am Fuße des Ölbergs, zu führen. Ganz Geistesgegenwart erfand mein Vater eine kranke Mutter. Worauf ich mich in der Furcht ertappte, meine Mutter könnte tatsächlich plötzlich erkrankt sein. Am Ende war dieser ganze Hokuspokus noch ansteckend. Und ich wäre nicht die erste gewesen, die in Jerusalem Gespenster sah. Der Garten Gethsemane blieb uns erspart. Dafür griff Golani ein zweites Mal nach unseren Händen. Atmete tief ein, schloss die Augen. Und betete für unsere kranke Mutter.

Am Ende verlangte er hundert Schekel pro Nase. Alle Gebete inklusive. Und ich hatte nicht genug Geld dabei.

Wir verbrachten drei Tage in Jerusalem und fuhren dann in den Norden – zum See Genezareth, also dem Kinneret, dem Harfenmeer, wie man den See hier nannte. Am ersten Abend aßen wir in Tiberias, in einem Restaurant, dessen Terrasse in den See ragte.

„Hast du ein bisschen geschlafen?", fragte mein Vater. „Wie ein Stein. Und du?" – „Tief und fest."

Ich sah auf den Kinneret, der ruhig vor uns lag, immer noch ging nicht der Hauch eines Windes. Ein einzelnes Boot zerschnitt die glänzende Oberfläche des Sees. Am anderen Ufer erhoben sich die Golanhöhen. Da wären wir also.

Jesus heilte die Kranken.
Speiste die Viertausend.
Lief auf dem Wasser.

Die Kellnerin brachte eine Flasche Wein und wir stießen auf das Leben an. „Jetzt bist du schon fast ein ganzes Jahr hier …", sagte mein Vater. „Ja. Unglaublich. Die Zeit ist einfach so vergangen. Ich habe es gar nicht gemerkt." – „Was sagt denn die alte Dame dazu, dass du bald gehst?", fragte er. „Sie wird doch sicher traurig sein." – „Ach. Da will ich lieber gar nicht drüber nachdenken." – „Hat sie denn schon jemanden gefunden, der dich ersetzt?" – „Haben wir uns noch nicht drum gekümmert. Im Moment sind wir ganz mit ihrem Geburtstag beschäftigt", sagte ich und dachte an die vielen Dinge, die noch zu tun waren. „Kommst du jetzt eigentlich mit?" – „Bin ich denn eingeladen?" – „Natürlich bist du eingeladen. Sie kann es kaum erwarten, dich endlich kennen zu lernen." – „Mal sehen. Ich wollte mir ja auch in Tel Aviv noch das ein oder andere ansehen." – „Ach, komm Papa, mehr Tel Aviv als Charlotte Strohbach gibt es kaum." – „Lass uns darüber sprechen, wenn es soweit ist."

Die Kellnerin kam, um unsere Bestellung aufzunehmen. Sie legte uns den Sankt Peter-Fisch ans Herz, vom Steinkohlegrill, und ein Blick auf die Nachbartische genügte, um zu wissen, dass man ihrer Empfehlung folgen sollte.

„Weißt *du* denn eigentlich schon, wie es danach weitergehen soll?“, fragte mein Vater, als wir wieder alleine waren. „Noch nicht so richtig.“ Mein Vater setzte eine vorsichtige Pause. „Ich dachte, das wolltest du hier herausfinden.“

Als wenn es so einfach wäre.

Man hatte da so eine offene Frage. Nehmen wir beispielsweise die Frage, was man aus seinem Leben machen wollte. Also klemmte man sie sich unter den Arm. Setzte sich in ein Flugzeug. Ließ ein Jahr vergehen. Stieg in das nächste Flugzeug. Und hatte die Antwort auf dem Schoß liegen. „So funktioniert das doch nicht“, sagte ich. „Wie funktioniert es denn?“ Mein Vater hob sein Weinglas. Nahm einen Schluck. Luft- oder Zeitlöcher hatte es in seinem Leben niemals gegeben. „Weißt du, im Grunde habe ich nie ganz verstanden, was du hier eigentlich suchst.“ – „Das liegt vielleicht daran, dass du mich nie gefragt hast.“ – „Das ist doch gar nicht wahr. Natürlich haben wir darüber gesprochen.“ – „Wann denn?“

Offenbar war es meinem Vater zu blöd, den Beweis anhand von Gesprächsnotizen zu führen. Wie auch. Es gab ja keine. „Erinnerst du dich noch daran, wie ich vor einem Jahr nach Hause gekommen bin?“, fragte ich. „Ich bin gekommen, um mit dir zu sprechen. Aber du hattest schon längst mit Karl gesprochen. Noch bevor ich überhaupt in der Haustüre stand, wusstest du genau, was du von alledem zu halten hattest. Absolut nichts nämlich.“ – „Das habe ich nie gesagt.“ – „Was hast du denn gesagt?“, fragte ich und versuchte, mich mit einem Blick auf den See zu beruhigen. Mein Vater schwieg. So wie immer. Ich hatte keine Ahnung, was er eigentlich dachte. Ich konnte es mir nur ausmalen. Und im Zweifel malte ich mir immer nur das Schlimmste aus.

Die Kellnerin kam mit dem Fisch. Sie stellte die große Platte an das Kopfende unseres Tisches, und wir beobachteten, wie sie mit dem Fischmesser langsam an der Mittelgräte entlang fuhr. Die Haut zur Seite schob. Das Filet von den vielen kleinen Gräten befreite. Es auf einen Teller legte. Als hätten wir noch nie jemanden gesehen, der einen Fisch filetierte.

„Also gut. Dann frage ich dich eben jetzt", sagte mein Vater, als der Fisch vor uns stand. „Was?" – „Was suchst du hier eigentlich?"

Was ich hier suchte. Also gut. Konnte ich nicht so genau sagen. Wohl eher, was ich gefunden hatte. Vor allem. Meine Zeit. In diesem einen Jahr hatte ich die Herrschaft über meine Stunden, Tage und Wochen zurückgewonnen. Plötzlich waren sie keine abstrakte Größe in meinem Kalender mehr. Sie waren einfach da. Ich wachte morgens auf und wartete? Auf nichts. Vor allem nicht darauf, dass sich mein Leben änderte. Es war so, als hätte jemand die Glasglocke ein Stück nach oben gehoben. Ich bekam wieder Luft zum Atmen. Doch was sollte ich meinem Vater jetzt mit Zeit kommen? Dramatischer ging es kaum. Seine Tochter. *À la recherche du temps perdu.* Ich konnte förmlich spüren, wie sich seine Magenwände dabei zusammenzogen.

„Meine Zeit vielleicht", sagte ich. Trotzdem. „Was heißt deine Zeit?", fragte er ärgerlich. „Meine Zeit eben. Hattest du nie das Gefühl, dass sie dir davon läuft?" – „Sag mal, du bist 35", sagte er. „Was soll der Blödsinn?" – „Und trotzdem kann man doch das Gefühl haben", sagte ich, atmete tief durch, um die Fassung nicht zu verlieren. „Tagtäglich bin ich in dieses Büro gegangen. Ich habe die Schritte von der U-Bahn bis in die Kanzlei gezählt. Wie eine Strafgefangene. Die letzten Minuten in Freiheit. Danach hinter die Gitter des time sheets. Dabei bin ich gerne Anwältin. Aber in dieser riesigen Kanzlei, es ist nicht mehr als eine Zelle mit schönem Ausblick. Erst seitdem ich hier bin, spüre ich, wie es mich langsam erstickt hat. Und am Ende des Tages geht es doch nur darum, dass mich Karl zur Partnerin macht. Danach. Weiter wie bisher. Hattest du nie das Gefühl, dass es um mehr geht?"

„Aber doch nicht mit 35", sagte er. „Da ist man viel zu beschäftigt, um auf solche Gedanken zu kommen. In diesem Alter baut man sein Leben doch gerade auf." – „Also habe ich ein Luxusproblem?" – „Ich hätte in deinem Alter jedenfalls nicht einfach alles hinschmeißen können." – „Was heißt denn hier hinschmeißen?", fragte ich und spürte wie der Kloß in meiner Kehle immer größer wurde. „Sag mal, weißt du eigentlich, was es bedeutet hat, diese Kanzlei aufzubauen?", gab mein Vater wütend zurück. „Wie viel Disziplin es dazu braucht? In den ersten Jahren habe ich nichts anderes getan, als zu arbeiten. Ich hatte auch gar keine andere Wahl. Von zu Hause brauchte ich nichts zu erwarten. Dein Großvater war von Anfang an dagegen, dass ich überhaupt studierte. Er wollte immer, dass ich später das Geschäft übernehme. Und dann hatte ich euch drei", sagte er. „Weißt du eigentlich, was es bedeutet, Verantwortung zu tragen?"

Der Kloß in meiner Kehle ließ sich nun nicht mehr verleugnen. Nicht hinunterspülen. Nicht mit Wasser. Auch nicht mit Wein. „Du glaubst immer nur, ich würde vor irgendetwas davonlaufen", sagte ich und versuchte meine Stimme nicht hysterisch klingen zu lassen. „Dabei will ich nichts lieber als endlich ankommen."

Die Kellnerin kam und fragte, ob alles in Ordnung sei. Ich starrte auf den Teller vor mir. Mein Vater sagte: „Ja." Kurz und knapp.

„Du wartest doch nur darauf, dass in meinem Leben endlich etwas Handfestes passiert", sagte ich nach einer Weile. Wie zu erwarten fluteten jetzt Tränen meine Augenhöhlen, traten langsam über ihre Schwelle. Tatsächlich ging es besser, als ich erwartet hatte. „Jetzt hör auf damit", sagte mein Vater, wobei die beiden Falten über seinem Nasenbein deutlich hervortraten. Doch ich hatte gerade erst angefangen. „Etwas, das mein Leben zu einem Erwachsenenleben macht." – „Das habe ich nie gesagt." – „Das brauchst du gar nicht zu sagen." – „Ich wollte immer nur, dass ihr glücklich werdet." – „Und das kann ich deiner Ansicht nach nur, wenn ich Karriere mache", sagte ich und griff nun auch nach seiner Serviette. „Du hattest bei Karl einen sehr guten Job. Dir standen alle Türen offen. Und du hast gerne dort gearbeitet." – „Am Anfang vielleicht." – „Ja, und? Dann kommt eben mal eine Durststrecke. Meinst du, die hat es in meinem Leben nicht gegeben? Meinst du etwa, ich habe jeden Klienten gemocht? Jeder Fall hat mir Spaß gemacht? Und heute bin ich froh, die Kanzlei zu haben."

„Aber das ist es doch. Du bist glücklich mit dem, was du erreicht hast." – „Als hätte ich von Anfang an gewusst, dass die Kanzlei einmal laufen würde." – „Die Kanzlei war immer genau dein Ding. Aber ich kann mir beim allerbesten Willen nicht vorstellen, als Partnerin in einer Großkanzlei glücklich zu werden. Das ist keine Durststrecke. Das ist eine Sackgasse. Wozu, um alles in der Welt, das alles?", ich hörte wie sich meine Worte überschlugen, eins über das andere, aber ich konnte sie beim besten Willen nicht mehr in einer Reihe halten. „Noch ein paar Jahre durchhalten, nur um dann überrascht festzustellen, dass ich immer noch nicht glücklich bin? Du sagst doch selbst immer, man soll schlechtem Geld kein gutes hinterherwerfen."

Inzwischen hatte ich es aufgegeben, meine Tränen vor irgendjemandem zu verstecken. Es hatte überhaupt keinen Zweck. Auch die Kellnerin wusste mitlerweile, dass überhaupt nichts in Ordnung war. Sie kam auf Zehenspitzen, um die Dessertkarte vor uns auf den Tisch zu legen. „Kein Dessert", sagte mein Vater schroff. Auch keinen Kaffee und keinen Tee. Er fühlte sich sichtlich unwohl in seiner Haut. Spürte die Blicke der anderen auf uns. „Und wie stellst du dir das jetzt vor?", fragte er wütend, als hätte dieses Gespräch meine Pläne konkretisieren können. „Wird langsam Zeit, erwachsen zu werden, meine Liebe."

Ich war nicht bereit, in eine weitere Runde zu gehen. Stattdessen starrte ich apathisch auf die glatte Oberfläche des Sees. Mein Vater bestellte die Rechnung.

Kaum war ich zurück in meinem Zimmer ergriff mich Panik. Auf einmal brachen alle Ängste über mich hinein. Meine Zukunft verschwamm. Ich griff nach meinem Telefon und sah, dass Gil mir bereits eine Nachricht hinterlassen hatte. „*Boi habaita* ... Komm nach Hause." Ich wählte seine Nummer und hoffte inständig, dass er abnahm. „Hey, wie geht's?", fragte er gut gelaunt. Ich brachte nichts hervor als ein Schluchzen. „Hey ...?" Ich stammelte alles mögliche hervor, abgebrochene Sätze und umherirrende Worte. Unmöglich, sich darauf einen Reim zu machen. „Jetzt bin ich 35 und weiß immer noch nicht, wo ich hingehöre", sagte ich jämmerlich.

Ich hörte Gils Atem in der Muschel. Er ging ganz ruhig und gleichmäßig. „Pass mal auf", sagte er fest. „Du gehst jetzt unter die Dusche. Und dann ins Bett. Das ist jetzt mit Sicherheit nicht der richtige Zeitpunkt, um über deine Zukunft nachzudenken." – „Der versteht überhaupt nichts." – „Vielleicht muss er ja auch gar nicht alles verstehen. Am Ende ist es ohnehin deine Sache, was du machst. Wenn du nicht willst, dass dein Vater dir zeigt, wo es lang geht, musst du es ihm halt zeigen." – „Aber, was soll ich denn, wie kann ich denn, was soll nur werden", stammelte ich noch eine ganze Weile vor mich hin. „Geh jetzt schlafen", sagte Gil. „Ich rufe dich morgen früh wieder an."

Kurz darauf fiel ich in einen vollkommen erschöpften Schlaf. Wachte mitten in der Nacht wieder auf. Meine Gedanken schossen von rechts nach links. Wieder zurück. Ich versuchte alles, um sie von mir fern zu halten. Vergebens. Schloss die Augen und wartete auf den nächsten Morgen. Um kurz vor sechs gab ich auf und zog meinen Badeanzug an. Mein Zimmer lag in einem kleinen Bungalow, nur eine große Wiese trennte mich vom Ufer des Sees. Ich lief mit nackten Füßen über das feuchte Gras. Tauchte ein. Ließ los. Ich schwamm auf das schlafende Tiberias zu, sah auf der rechten Seite die Golanhöhen liegen und tauchte mit jedem Zug tiefer ein. Ein stilles Glück durchströmte meinen Körper.

Als ich umdrehte, sah ich meinen Vater am Ufer stehen. Ich ging mit meinem Kopf noch einmal unter Wasser. „So früh schon wach?", fragte ich, als ich an Land trat. „Du auch." – „Ich konnte irgendwie nicht schlafen." Das Wasser tropfte aus meinen Haaren und ich schlug meine Arme um meinen Oberkörper. – „Es tut mir leid", sagte er. „Wegen gestern." – „Nein, nein, schon in Ordnung, tut mir leid." Einen Augenblick sahen wir uns schweigend an.

„Weißt du woran ich eben denken musste?", fragte mein Vater und reichte mir das Handtuch, das ich auf dem Plastikstuhl abgelegt hatte. „Das letzte Mal, das nur wir beide unterwegs waren, ist ganz schön lange her. Du hattest gerade deinen Führerschein gemacht." – „Stimmt", sagte ich und kramte in meinem Gedächtnis nach dieser Reise. „Oh, Mann, erinnere mich bloß nicht daran." – „Wir sind nach Berlin gefahren." – „Und du hattest gerade deinen neuen Wagen", sagte ich und schlüpfte zurück in den Körper jenes 18-jährigen Mädchens, das hinter dem Steuer dieses viel zu großen Autos saß. „Weißt du das noch? Deinen dunkelblauen BMW?" – „Den bin ich lange gefahren." – „Hinter Hannover, an der Raststätte, hast du mir die Schlüssel in die Hand gedrückt. *Fahr du doch mal*. Und dann gleich auf die A2. Oh Gott, oh Gott. Ich war noch nie schneller als 120 gefahren und brauchte stundenlang um diesen Lastwagen zu überholen." – „Alles, was nach uns kam, hupte und blinkte." – „Du bist verdammt cool geblieben." – „Ich habe mir alle Mühe gegeben", sagte er lachend. Dann schwieg er einen Augenblick. „Weißt du noch, was ich dir damals gesagt habe?" – „Klar. Das habe ich nie vergessen", sagte ich. „Fahr deinen eigenen Stil, hast du gesagt." – „Genau", sagte er. 17 Jahre später. „Fahr deinen eigenen Stil."

Zurück in Tel Aviv machte ich mich sogleich auf den Weg zu Charlotte Strohbach. Äh. Also. Zu Charlotte. Ihr Geburtstag war zwei Tage später. „Soll ich dir meinen Schlüssel hier lassen?", fragte ich meinen Vater. „Nein, ich glaube, ich bleibe hier", sagte er. „Geht der Fernseher?" – „Klar", sagte ich überrascht. „Warum?" – „Fußball", sagte er, als hätte ich nicht selbst auf die Idee kommen können. „EM. Zwei wichtige Spiele. Und heute Abend spielt Deutschland." Als ich die Wohnungstüre hinter mir zuzog, saß mein Vater bereits auf dem Sofa und zappte sich durch die Fernsehprogramme.

Ich verbrachte den ganzen Nachmittag mit Charlotte in der Küche. Sie hatte sich auf einen Stuhl gesetzt und gab mir exakte Anweisungen, wie ich den gefillte Fisch zuzubereiten hatte. Hackfleischbällchen, gefüllte Weinblätter und Blätterteigtaschen. Stunden später kam ich nach Hause und hörte schon in der Türe das Rauschen des Stadions.

„Hallo", sagte mein Vater, ohne sich weiter ablenken zu lassen. „Hey, *Shalom*", sagte Gil, sprang kurz auf, um mir einen Kuss zu geben, und setzte sich wieder neben meinen Vater aufs Sofa. Der schien nicht weiter verwundert. Gil hatte sich offenbar schon vorgestellt. „Was machst du denn hier?", fragte ich überrascht. – „Ich war gerade in der Gegend." Dann kehrten seine Augen zurück auf den Bildschirm. „Spannend", sagte mein Vater, sah mich kurz an und machte eine wage Handbewegung in Richtung Fernseher.

Vor ihnen auf dem niedrigen Tisch standen zwei Flaschen Bier. Ich stellte meine Tasche ab und sah, dass der Ball unaufhaltsam auf das Tor der anderen schoss. Schon flog er über den Strafraum. Im Senkflug in Richtung des Netzes. Doch dann. Knapp am Pfosten vorbei. Das Stadion heulte auf. Die Stimme des Reporters überschlug sich. „Scheiße", sagte Gil aus allertiefster Seele. Ich sah ihn erstaunt an. Von mir hatte er das nicht. Gil spürte meinen Blick und sah nun seinerseits meinen Vater fragend an. „Scheiße?", sagte er noch einmal, nun vorsichtiger geworden, um sich zu vergewissern, dass er den Fluch richtig ausgesprochen hatte.

Beide sahen mich unschuldig an. Dann kehrten ihre Augen auf den Bildschirm zurück. Ich konnte es kaum glauben. So weit hatte es noch keiner meiner Freunde gebracht.

Als es soweit war, wartete ich auf der Straße vor Noas Haus. Moishle kam mit seiner Mutter im Taxi. Ich hatte dem Fahrer mehrmals den Weg erklären müssen. Der hinterste Winkel von Yafo. Moishle saß hinten neben seiner Mutter, er stieg aus, ein stattlicher Mann, so wie es Charlotte gefiel, seine weißen Zähne strahlten. „Hello." Am Horizont sah ich Gil auf seinem Mofa kommen. Charlotte hatte zur Feier des Tages den roten Lippenstift aufgelegt. Glänzende Fingernägel und ein hellblaues Kleid, die weiße Perlenkette. Wir zogen in das Treppenhaus, das ohne elektrisches Licht war, nur der Mond schien durch ein viereckiges Loch in der Wand. Moishle hatte seine Mutter links untergehakt, ich war auf ihrer rechten Seite, so nahmen wir Stufe um Stufe. Bis hinauf in den dritten Stock. Mayumi machte die Vorhut, aufgekratzt wie sie war, Charlottes Tasche in ihren Händen. Die gute, weiße. Einer Prozession gleich sammelten sich hinter uns die anderen. Ich drehte mich um, sah Alón und Orí unter den Gästen, Orí hatte den Klapptisch aus dem Badezimmer unter dem Arm. Dahinter gingen die zwei österreichischen Nonnen, die in Jerusalem lebten und uns gelegentlich besuchen kamen. Doktor Lev, der Hausarzt. Nachman Goldberg, den ich zur Feier des Tages eingeladen hatte. Am Ende Gil, der mir mit seiner Kamera in der Hand zuwinkte.

Wir hatten bunte Papiergirlanden über die Terrasse gespannt. Auf der rechten Seite standen mehrere Tische nebeneinander, darauf das riesige Büffet. Auf der linken Seite, gleich vor dem Turm der Moschee, warteten unsere drei Musiker auf ihren Auftritt. Noa hatte wochenlang nach ihnen gesucht, *wenn sie sich einmal etwas in den Kopf gesetzt hatte*, und schließlich dieses Jeckes-Trio gefunden. Kontrabass. Geige. Akkordeon. Keiner unter siebzig. Kurz bevor Charlotte ihren Fuß über die Schwelle setzte, gab Noa ihnen ein Zeichen und sie spielten auf. „So ein Tag, so wunderschön wie heute", spielten sie. „So ein Tag, der dürfte nie vergehen."

„Ihr seid ja irrsinnig", sagte Charlotte. Ihre Augen glänzten übervoll.

Wir führten sie zu den beiden Sesseln, Moishle setzte sich neben sie und während sich die Terrasse langsam füllte, machte Gil seine Bilder. Charlotte nahm unauffällig ihre Brille ab und lächelte in die Kamera. Einige ihrer jüngeren Freunde waren aus dem Altenheim in Ramat Chen gekommen, ein verhutzelter alter Mann mit Hosenträgern über dem weißen Hemd. Auch eine ältere Dame mit einem roten, breitkrempigen Hut, die sich mir als Gräfin vorstellte. Charlotte hob die Augenbraunen, schüttelte ungnädig mit dem Kopf. *Glaub der kein Wort*. Einige waren mit meinen philippinischen Kollegen nach Yafo gekommen.

„Wirklich unglaublich, dass sie schon hundert ist", sagte Nachman Goldberg und stieß mit mir auf das Leben an. „In der Tat. Sie müssten sie erst einmal Scrabble spielen sehen." – „Wie lange bleiben sie denn noch bei ihr?" – „Nicht mehr lange. Nur noch einen Monat." – „Hmm", machte er und ließ seinen Blick über das Dach schweifen. „Das scheint ein ereignisreiches Jahr für Sie gewesen zu sein." – „Hmm", machte ich. „Ein *shanat shmita*", sagte er, „ein fallen gelassenes Jahr." Ich sah ihn fragend an. „Ein *shanat shmita* ist im Grunde wie ein Sabbatical. In der jüdischen Tradition heißt es, dass man alle sieben Jahre die Felder ruhen lassen und nichts anbauen soll, um die Erde zur Ruhe kommen zu lassen." Der Gedanke gefiel mir.

„Und wie lange bleibt ihr Vater noch?", fragte er dann. „Wir haben ja eigentlich alles so weit besprochen." – „Er fliegt morgen früh zurück", sagte ich. Dabei fiel mir ein. „Waren Sie eigentlich inzwischen in Hasorea? Haben Sie mit Shamuel Nagid gesprochen?" Goldberg lachte. *Ganz Tochter ihres Vaters.* „Ich fahre am Dienstag zu ihm."

Moishle traf ich beim gefillte Fisch. „Great party", sagte er. „Da haben Sie ja richtig was auf die Beine gestellt." – *„Bekef"*, sagte ich. „Mit Vergnügen." Er füllte seinen Teller mit den Fischfrikadellen, dazu Meerrettich durchtränkt vom Saft der roten Beete. „Wie zu Hause", sagte er augenzwinkernd. „Sagen Sie, wie geht's ihr denn eigentlich?" – „Gut", sagte ich. „Meistens jedenfalls. Nur, wenn die Erinnerung kommt ..." – „Spricht Sie denn darüber?", fragte er verwundert. „Manchmal." – „Sie hat nie darüber gesprochen", sagte er nachdenklich. „Und jetzt ist es zu spät. Jetzt verstehe ich nicht mehr, was sie sagt." Ich sah ihn schweigend an.

„Wissen Sie, ich habe überlegt, mit ihr in den Urlaub zu fahren", sagte er. „Mit der ganzen Familie. Im nächsten Frühjahr, in ein *Ziemmer*, wir könnten in den Norden fahren, nach Rosh Pina. Was meinen Sie?" – „Gute Idee", sagte ich. „Sie würde sich mit Sicherheit freuen." – „Kommen Sie doch mit." – „Im Frühjahr bin ich schon längst wieder in Deutschland." – „Dann kommen Sie eben zurück." Ich lächelte unbestimmt in Richtung Zukunft.

Auf dem Büffet war der Salat ausgegangen, ich ging in

die Küche, um Nachschub zu holen. Kam zurück und blieb auf der Schwelle zur Terrasse stehen.

In dem Sessel neben Charlotte hatte mein Vater Platz genommen. Sie sah ihn ganz verliebt an. Dann zog sie einen Brief aus ihrer Handtasche und hielt ihn meinem Vater hin. „Sehen Sie mal auf den Absender“, sagte sie stolz. „Oh, vom Bürgermeister“, sagte mein Vater beeindruckt. „Ja, ja. Hundert wird nicht jeder.“

Noa und Alón standen an der Brüstung, unterhielten sich angeregt. „Ich habe schon viel von dir gehört“, sagte Alón. „Ich auch“, sagte Noa. Ihr charmantes Lächeln. „Weißt du, ich bin häufig auf dem Flohmarkt“, sagte Alón. „Fast jeden Freitag. Ich war auch schon ein paar Mal in deinem Café.“ – „Dann frag nach mir. Beim nächsten Mal.“

Orí hatte neben dem Büffet den kleinen Tisch aus dem Badezimmer aufgestellt. Auf einem großen Tablett lagen mehrere Apfelstrudel, die ich in der Nacht zuvor gebacken hatte. Mayumi wollte ein Stück kaufen, sie hatte ihr Portemonnaie bereits gezückt. Orí verhandelte den Preis, mehr mit seinen Augen als mit seinem Mund. Schließlich zeigte er ihr die fünf Finger seiner Hand.

Über meiner Schulter hörte ich das Zoomen einer Kamera. Ich drehte mich langsam um. *Bang*. Sah in seine grünen Augen, die nur durch einen ganz feinen Streifen braun gebrochen waren. *Siehst du, ich stehe immer hinter dir.* Ein kurzer, stechender Schmerz.

Meinen Vater sah ich wenig später beim Apfelstrudel. Orí war gerade dabei, ihm drei Stücke zum Preis von zweien anzubieten. Ich ging zu ihnen. „Er spart Geld, um nach Berlin zu kommen“, erklärte ich meinem Vater. „Oh, Berlin?“, fragte er und sah Orí voller Bewunderung an. „*Ken*“, sagte Orí entschlossen und nickte mit dem Kopf. Mein Vater legte zehn Schekel auf den Tisch. „Ganz allein?“, fragte mein Vater. „Nein, mit seinem Vater“, sagte ich und schwieg einen Augenblick. „Da kannst du mal sehen. Ich habe 35 Jahre gebraucht, um mit dir zu verreisen. Er ist gerade mal neun." Mein Vater sah mich an. „Ach, was sind schon 35 Jahre", sagte er und legte mir seinen Arm um die Schulter. „Ich habe es nie geschafft, mit meinem Vater zu verreisen."

Dann spielte die Kappelle auf. „Veronika, der Lenz ist da." Mein Vater forderte mich zum Tanz. Zum ersten Mal in meinem Leben bereute ich es, dass ich mich mit 16 heimlich von der Tanzschule abgemeldet hatte. Andere Paare fanden sich. Taten es uns nach. Als wir die Hälfte der Terrasse durchtanzt hatten, entschuldigte sich mein Vater bei mir und forderte meine alte Dame auf. Ganz alte Schule. So war das damals. Sie schlug sogar ein wenig die Augen nieder. Schwerfällig erhob sie sich aus dem tiefen Sessel, zwei oder drei Anläufe, und strahlte wie ein Backfisch, als mein Vater sie bei der Hand fasste und sie sich einen Takt langsamer drehten als die Musik.

Ja. Ganz genauso. Wenn ich einmal hundert bin.

Juli

Zwölfter Monat, in dem ich für uns weine, „lehitraot" sage und am Ende in einem Flugzeug sitze.

Ich lud Gil zu einem Picknick auf das Dach unseres Hauses ein. Es war ein flaches Dach, über der dritten Etage, der Weg dorthin führte durch eine alte knarrende Holztür. Auf dieser Höhe stand Tel Aviv voller Wasserboiler, auf wackeligen Stelzen, davor lagen Sonnenreflektoren, überall waren Satellitenschüsseln und Gasflaschen. Kabel und Rohre, die im Nirgendwo endeten.

Von hier oben konnte man das Rathaus sehen, auf dem Rabin Platz, diesen grauen, rechteckigen Kasten. Nur die Fenster schimmerten in blau, türkis und violett. Daneben lag der kleine Stadtgarten, Gan Ha'Ir, in dem zwischen Mimosen, Palmen und Feigenbäumen Mordechai Schornstein hockte. „Ach, Tel Aviv", sagte Gil, als wir hinaus traten.

Wir setzten uns auf den weißen Estrich, der an vielen Stellen aufgeplatzt war, und lehnten uns gegen die Mauer des Treppenhauses. Gil sah hinüber zur Wohnung seiner Großmutter. Früher war er häufig mit ihr in den Zoo gegangen. Zuckerwatte und Eiscreme. Die Vögel machten ohrenbetäubenden Lärm. Die Raubtiere stanken grauenhaft. Die Gehege hatten viel zu niedrige Mauern umgeben. Ein Tier nach dem nächsten unternahm im Laufe der Jahrzehnte einen Spaziergang in die Freiheit. Der Affe, der in einem Nachbarhaus am Kronleuchter schaukelte. Der Bär, vor dem die Kinder ins Schwimmbad auf dem Hügel flohen. Der Löwe, der auf der Hayarkon spazieren ging. Mordechai Schornstein hatte hier viele Geschichten hinterlassen.

Ich sah in das orange-rote Licht der untergehenden Sonne. Vom Meer kam ein leichter Wind. „Was meinst du?", fragte ich. „Was würde der Junge, der damals die Löwen brüllen hörte, heute über dich sagen?" Gil sah mich fragend an. „Na, was würde der kleine Gil heute über den großen Gil sagen?" – „Über mich? Heute?" – „Hätte er dich gemocht?" – „Keine Ahnung. Weiß nicht", sagte er und trank einen Schluck Wein. „Er würde mein Mofa mögen, glaube ich." Wir sahen über die anderen Dächer. Kaum eines war höher als unseres. „Und das kleine Mädchen?", fragte er zurück. „Das du einmal warst. Was würde es heute über dich sagen?" Ich dachte an das Mädchen, das auf dem Rücksitz des gelben Ascona saß, daneben die rote Kindergartentasche mit den beiden Pril-Blumen darauf. „Weiß nicht", sagte ich. „Ach, komm." – „Mit Sicherheit würde sie dich mögen." – „Dich würde sie auch mögen. *Mamash* ... und wie." – „In diesem Jahr", sagte ich zögernd. „Vielleicht." – „Was meinst du damit?" – „Vor einem Jahr hätte ich wahrscheinlich nicht allzu große Chancen bei ihr gehabt. Da war ich ihr mit Sicherheit zu stressig." Gil starrte auf sein Weinglas. „Und was wird nach dem Jahr?", fragte er.

Seine Hand in meiner. Ganz fest. Aua. Nicht. Nicht immer auf das Schlimme.

Wir hatten schon verschiedene Pläne ausbaldowert. Wir würden eine Eis-Maschine für Gil kaufen. Damit wollte er morgens in den Berliner Central Park fahren. Vanille, Erdbeere und Schokolade. Oder *Schaschuka*. Eine *Schaschuka*-Bar, das war die Lösung, mitten auf dem Gendarmenmarkt. Tomateneintopf mit Spiegelei. Oder ich würde einfach weiter Scrabble spielen. Ein Y gab immerhin acht Punkte. Unsere Phantasie gab sich alle Mühe. Doch unseren Platz hatte sie noch nicht gefunden.

„Du wirst sehen. Die Eismaschine. Das wird was." – „Ach, Gil." Er atmete tief durch. Ansonsten. Nur das Rauschen der Stadt. „Es ist nur, weil ich dich so liebe." – „Ja", sagte ich. „Eigentlich ist es ganz einfach." – „Wie meinst du das?" – „Einfach zu erklären."

„Könntest du jetzt mal für uns weinen?", fragte er nach einer Weile. Ich musste lachen. Heulen wie ein Schlosshund.

Schon bald darauf kam der Tag, der auf dem Ticket meines Rückfluges stand.

Charlotte bestand darauf, mich persönlich zum Flughafen zu bringen. Sie würde bei den Sicherheitsbehörden für mich bürgen. *Da sollten die mal sehen.* Wir saßen nebeneinander auf dem Rücksitz des Taxis, und sie erzählte mir, dass sich gestern eine Nachfolgerin bei ihr vorgestellt hätte. Sie schlug mit der Hand in die Luft. „Die hat mich gleich geduzt", sagte sie empört. „Als hätten wir schon einmal Schafe zusammen gehütet."

„Ach, ich hoffe ja, dass du bald jemanden findest", sagte ich. Tatsächlich war es gar nicht so leicht, eine deutschsprachige Pflegerin zu finden. Seit der Geburtstag hinter uns lag, suchten wir fieberhaft. Noa hatte mir versprochen, sich nach meiner Abreise weiter darum zu kümmern. „Wird schon", sagte Charlotte und ich sah, wie der kleine Finger ihrer rechten Hand nervös zuckte. Sie legte ihre linke Hand darüber, hielt ihn in Schach. „Ist noch immer weitergegangen."

„Was ist denn mit deinem kleinen Finger?", fragte ich besorgt. „Na, das würde ich auch mal gerne wissen", sagte sie und wandte sich an ihren kleinen Finger. Sah ihn mit großen Augen an. „Hey, kleiner Finger, was ist los mit dir?"

Ich blickte aus dem Fenster. Sah wie Tel Aviv an mir vorbeirauschte, schon bald würde die Stadt ganz verschwunden sein. „Holt dich denn in Berlin jemand ab?", fragte

Charlotte, um meine Gedanken schon einmal auf die andere Seite zu lenken. Ich landete um sechs Uhr morgens. Und ging nicht ernsthaft davon aus. „Keine Ahnung", sagte ich. Keine Ahnung, wie es überhaupt weitergehen sollte. „Jetzt warte erst mal ab", sagte sie und nahm meine Hand. „Was weißt denn du, was dein Leben noch mit dir vorhat."

Gil kam mit seinem Mofa zum Flughafen. Orí war mit ihm gefahren, „hinten drauf", und trug voller Stolz seinen Helm in der Hand.

Alón war zusammen mit Noa gekommen. „Wir haben noch etwas für dich", sagte Noa aufgeregt und drückte mir ein weiches Paket in die Hand. Auf dem Flohmarkt hatten sie einen alten, deutschen Stadtplan von Tel Aviv gefunden. Sie hatten die Karte auf ein weißes, ärmelloses T-Shirt gedruckt. „Noch von den deutschen Templern vermutlich", sagte Alón, der nicht minder aufgeregt schien. „Siehst du, da ihre Siedlung, Sarona." *Tel Awiw* stand oben über der Karte, darunter das Ziegelwerk, der Bahnhof und das Messegelände. Hinter dem Badestrand begann das mittelländische Meer. Alóns Wohnung war mit einem roten Herzen eingezeichnet. „Damit du dich an uns erinnerst", sagte Alón. „Damit du zurück zu uns findest", sagte Noa.

Ich gab auf. Ließ einfach laufen. Nahm in den Arm. Ließ mich in den Arm nehmen.

Am Ende der Reihe stand Gil. Schon seit Wochen hatte ich mich auf diesen Moment vorbereitet. Immer wieder hatte ich die Schmerzprobe gemacht. Sie nie bestanden. Die anderen sahen betreten zur Seite. Schließlich übernahm mich die Frau von der Sicherheit. Alle zogen ihre Ausweise, um für mich zu bürgen, sogar Orí hatte seinen Kinderausweis mitgebracht. Die Frau fragte meine Begleiter, woher und wie lange sie mich schon kennen würden. „Ich fahre sie in Berlin besuchen", antwortete Orí, als würde das alles erklären. Doch tatsächlich. Die Frau lachte nur und winkte mich durch. Plötzlich war ich viel zu früh.

Kurz bevor ich hinter der letzten Ecke verschwand, hörte ich Orís Stimme rufen. *„Lehitraot. Lehitraot ...“*, rief er. „Auf Wiedersehen, auf Wiedersehen ...“ Ich drehte mich noch einmal um. Winkte zurück.

„Nächstes Jahr in Berlin“, rief ich.

Nach dem Jahr

MEINE AUGEN krochen sehnsüchtig in den Bildschirm meines Computers. Seit ich zurück in Berlin war, schickte Gil mir jeden Morgen ein anderes Bild. Unsere ganze Geschichte. Der Junge mit dem zerplatzten Luftballon. Mein Gesicht im Spiegel. Die kleinen Tische hinter der Scheibe des Bücherwurms. Das rote Fruchtfleisch der Wassermelonen. Charlotte beim Tanz. Das Bild heute hatte er mit Selbstauslöser aufgenommen. Er trug einen großen Strohhut auf dem Kopf, einem Sombrero gleich, über seiner Schulter hing eine Kühltasche aus weißem Styropor. In der Hand hielt er ein Eis am Stil, dahinter der Strand und das Meer. Er lachte in die Kamera. *Du wirst sehen. Das wird was.*

Er bat mich, ihm Bilder von Berlin zu schicken. Viele Bilder. Das Bett, in dem ich aufwachte. Die Freunde, die ich traf. Das Café, in dem ich Latte Macchiato trank. Er wollte alles sehen. Alles, was ich an Berlin liebte. Alles, was ich in Tel Aviv vermisst hatte. Also ging ich in den Keller und fotografierte unsere Waschmaschine. Ich fotografierte die Tageszeitung vor meiner Wohnungstüre und die Körnerbrötchen beim Bäcker an der Ecke. Am Sonntagabend hielt ich die Kamera auf den Fernseher und machte ein Bild vom Tatort. Aber das war es auch schon. Durch den Sucher des Fotoapparats sah ich die Regentropfen an der Fensterscheibe. Die vertrocknete Margerite auf meinem Balkon. Die einst stattliche Rosskastanie in unserem Hof. Die Miniermotte war lange vor mir zurückgekehrt, sie fraß sich nimmersatt durch das Chlorophyll der großen Blätter. Sie waren mehr braun als grün. Mehr Herbst als Winter.

Schon bald würde nicht mehr von ihnen übrig sein als ein trauriger Rest.

Nachts träumte ich wieder von einem Flugzeug. Dieses Mal waren wir schon in der Luft, doch ich war nicht sicher, ob meine große Reisetasche an Bord war. Vielleicht hatte ich versäumt, sie aufzugeben. Vielleicht hatte ich nicht gut genug auf sie acht gegeben. Vielleicht war sie mir einfach abhanden gekommen. Ich dachte darüber nach, was in der Tasche gewesen war. Meine ganzen Wertsachen. Ich machte im Kopf eine Liste. Wollte in den Gepäckraum gehen und nachsehen. Die Tasche suchen. Doch ich kam aus meinem Sitz nicht hoch. Versuchte es immer wieder, aber ich konnte nicht aufstehen.

Mein Vater rief aus Köln an. „Na, wie geht's?", fragte er. Viel zu dynamisch für mich. „Ach, *kacha-kacha*." – „Was machst du?" – „Ich ..." Ich fotografierte die Miniermotte. Ich sollte eigentlich Bewerbungen schreiben. Mein Vater hatte seine Frage bereits hinter sich gelassen. Kam gleich zur Sache. „Sag mal, du erinnerst dich doch an diesen Nachman Goldberg, oder?" – „Wie sollte ich den vergessen?" – „Ich habe gerade mit ihm telefoniert", sagte er. „Er lässt dich grüßen." – „Danke", sagte ich und ließ mich schwer auf mein Sofa fallen. „Offenbar sind wir kurz davor, eine Einigung zu erreichen." – „Sehr gut", sagte ich mit ½ Herzen. „Herzlichen Glückwunsch." – „Es ist nur so, dass ...". Gedankenverloren blätterte ich in dem Katalog des Alpenvereins, der neben mir auf dem Sofa lag. „Es ist nur so, dass ...", versuchte es mein Vater noch einmal. „Was ist nur so, dass ...?", fragte ich müde. „Ich weiß auch nicht. Vielleicht bin ich in dem Fall einfach zu nervös." Die Bayerischen Alpen, die Dolomiten, die patagonischen Anden. Ich klemmte mir das Telefon zwischen Schulter und Ohr. Nahm meine Kamera vom Schreibtisch und machte ein Foto von dem Katalog.

„Hörst du mir überhaupt zu?", fragte mein Vater. „Ja. Ja." Ich legte die Kamera zurück auf den Schreibtisch. „Mir ist nicht ganz wohl bei der Sache. Mir wäre es lieber gewesen, wenn ich diesen Shamuel Nagid wenigstens einmal persönlich getroffen hätte." Vielleicht würde ich Gil ja dazu überreden können, eine Woche mit mir in die Berge zu gehen. Auch wenn er normalerweise keinen Schritt ohne sein Mofa machte. „Bist du noch dran …?", hörte ich meinen Vater sagen. „Du meinst den alten Mann in Hasorea?", beeilte ich mich, Interesse zu bekunden. „Genau. Ich würde gerne mit eigenen Augen sehen, dass er die Einigung unterschreibt. Und ich bin mir sicher, dass auch Herr Dr. Lindemann darauf bestehen wird", sagte er gereizt von seiner eigenen Unachtsamkeit. „Ich hätte diese ganze Angelegenheit von Anfang an besser organisieren müssen." – „Papa, komm, dieser Goldberg ist in Ordnung." – „Es ist auch nicht so, dass ich ihm misstraue. Aber es geht um fast 200 000 Euro."

Er schwieg einen Augenblick. „Morgen Vormittag habe ich einen letzten Termin mit Herrn Dr. Lindemann in dieser Sache." – „Und? Was willst du ihm vorschlagen?" – „Ich habe gedacht, vielleicht …" – „Vielleicht was?" – „Ich habe gedacht, vielleicht könntest du …?" – „Vielleicht könnte ich was …?" – „Frau Fröhlich würde auch alles für dich organisieren." – „Du meinst, ich soll nach Hasorea fahren?" – „Ich bin sicher, Herr Dr. Lindemann wäre damit einverstanden."

„Sag mal, ich muss mich hier um meine Bewerbungen kümmern." – „Auf ein oder zwei Wochen kommt es jetzt auch nicht mehr an", sagte mein Vater. Die Ruhe selbst. „Du würdest mir damit sehr helfen. Außerdem, wer weiß, was sich aus diesem Fall noch weiter entwickelt." – „Ich weiß nicht. Vielleicht bist du wirklich zu nervös in diesem Fall." – „Vielleicht", sagte er siegessicher. „Vielleicht auch nicht." – „Ja, aber …" – „Außerdem. Ich dachte. Es wird sich mit Sicherheit noch jemand anderes freuen, wenn du kommst."

Eine Woche später landete ich wieder in Ben Gurion. Ich zog meine große Reisetasche hinter mir durch die Schiebetüre. Sah Gil. Und alles war wieder da. Er hielt einen großen, roten Luftballon in seiner rechten Hand.

Woanders leben

Alle Titel der Reihe „Ein Jahr in ...“

Bettina Baltschev
Ein Jahr in Amsterdam
Reise in den Alltag
Band 6002

Barbara Baumgartner
Ein Jahr in Barcelona
Reise in den Alltag
Band 5823

Maria Rosaria Di Palo
Ein Jahr in Montreal
Reise in den Alltag
Band 5832

Julica Jungehülsing
Ein Jahr in Australien
Reise in den Alltag
Band 5818

Anna Regeniter
Ein Jahr in London
Reise in den Alltag
Band 5741

Katharina Rutz
Ein Jahr in Peking
Reise in den Alltag
Band 5962

Anja Schönborn
Ein Jahr in Neuseeland
Reise in den Alltag
Band 5968

Nadine Sieger
Ein Jahr in New York
Reise in den Alltag
Band 5946

Andrea Thiele
Ein Jahr in der Toskana
Reise in den Alltag
Band 5729

Cornelia Tomerius
Ein Jahr in Istanbul
Reise in den Alltag
Band 5770

Silja Ukena
Ein Jahr in Paris
Reise in den Alltag
Band 5742

Jeannette Villachica
Ein Jahr in Dublin
Reise in den Alltag
Band 5971